RÜDIGER KOWALKE FISCH & KULT

Für Dieter –

ganz besonders herzlich

gewidmet

in kulinarischer Verbundenheit

Ihre Familie Kowalke

8.5.2014

FISCHEREIHAFEN RESTAURANT
DIRK UND RÜDIGER KOWALKE
GROSSE ELBSTRASSE 143
22767 HAMBURG

FISCHEREIHAFEN
RESTAURANT
HAMBURG
FISCHEREIHAFEN
RESTAURANT

RÜDIGER KOWALKE

FISCH & KULT

MEIN LEBEN

MEIN RESTAURANT

MEINE GÄSTE

MEINE REZEPTE

AUFGESCHRIEBEN VON JÖRN VOSS • FOTOS VON MICHAEL HOLZ
MIT EINEM VORWORT VON ULRICH TUKUR

VON DEN 3264 GASTRONOMISCHEN ETABLISSEMENTS,

DIE ICH IM LAUFE MEINES SCHON FAST LANGEN LEBENS AUFGESUCHT HABE, SIND MIR SIEBENUNDFÜNFZIG IN DEUTLICHER ERINNERUNG GEBLIEBEN. NEUNUNDDREISSIG IN MISERABLER, ELF IN ANGENEHMER, FÜNF IN SEHR GUTER UND ZWEI IN SO AUSGEZEICHNETER, DASS ICH MICH SCHON TAGE BEVOR ICH IN DER STADT EINTREFFE, DIE SIE MIT IHRER EXISTENZ SCHMÜCKEN, UNBÄNDIG DARAUF FREUE, DORT WIEDER EINEN TISCH ZU BESTELLEN.

Beide gibt es schon seit einer halben Ewigkeit, und sie haben allen Moden und Veränderungen zum Trotz sich ihre Eigenart bewahrt und ihre hohe Qualität gehalten.

Sie liegen in den zwei schönsten Hafenstädten Europas. Arrigo Ciprianis Harry's Bar in Venedig und Rüdiger Kowalkes Fischereihafen Restaurant in Hamburg.

Wie Arrigo Cipriani ist Rüdiger Kowalke ein glänzender Gastgeber, und seine Professionalität und Liebenswürdigkeit spiegeln sich in jedem Mitarbeiter, vom Chef de Rang über die Dame an der Garderobe bis hinunter zum livrierten Herrn, der die beschwingten Gäste am Ende einer langen Treppe einsammelt, um ihnen behutsam den Weg zu den bereitstehenden Taxis zu weisen.

Im Sommer 1985 wurde ich als junger Schauspieler ans Deutsche Schauspielhaus verpflichtet, nahm mir eine Wohnung in der Langen Reihe, und im Herbst desselben Jahres saß ich das erste Mal im Fischereihafen Restaurant,

eingeladen vom Intendanten Peter Zadek, der dann am Ende eines üppigen Mahls vergeblich nach seinem Portemonnaie suchte (das tat er immer). Damals kam es mir sehr bürgerlich vor, aber der Nordseesteinbutt und die süß-saure Hamburger Aalsuppe waren ein Gedicht, und fast dreißig Jahre später liebe ich diese Gerichte immer noch, und ich bin sicher, es wird sie in alle Ewigkeit geben, und auch den lauwarmen Aal auf Rührei und geröstetem Vollkornbrot, den fabelhaften Labskaus und den Schellfisch in Meerrettichsauce ...

Heute ist das Fischereihafen Restaurant ein Stück Heimat für mich, und es scheint, als bedienten mich immer noch dieselben Kellner, die es schon im letzten Jahrtausend mit Lust und Laune taten. Ruhig und beständig dreht sich der Planet Kowalke durch eine gastronomische Welt, die von heute auf morgen nicht mehr wiederzuerkennen ist, und schenkt uns etwas sehr Kostbares: die Illusion der Permanenz nämlich, den Traum, dass ein fabelhaft geführtes Restaurant so alt und gut werden kann wie eine gusseiserne Bratpfanne.

Ein Gastwirt ist immer auch ein Schauspieler und seine Wirtschaft eine Theaterbühne, die verzaubern muss. Dass Rüdiger Kowalke einmal ausbrechen würde, um auch sein Glück in der veritablen Welt des Theaters zu versuchen, lag also auf der Hand.

Während ich auf der Bühne des Hansa Varieté Theaters als halbseidener Conférencier herumsprang und dem verdutzten Publikum meinen Wolfsspitz als marokkanischen Zwerglöwen verkaufte, zauberte Rüdiger unter den strengen küchentechnischen Bedingungen der Nachkriegszeit seinen Hanseatenteller auf die schmalen Tischchen des wiederauferstandenen Etablissements. Da waren wir beide Kämpfer an vorderster Front und haben uns dabei besser kennen- und schätzen gelernt.

Wenn mich heute im fernen Süden die Sehnsucht nach Hamburg packt (und das tut es immer öfter), dann sehe ich nicht nur meine Freunde, den Hafen, die Alster, den Michel, das Schauspielhaus oder Erna Thomsens Silbersack vor mir, sondern immer auch den nüchternen roten Klinkerbau an der Großen Elbstraße und sein köstliches Innenleben: einen strahlenden Patron, eine Flasche Wein im Eiskübel und eine Tranche vom gebratenen Steinbutt in grobkörniger Senfsauce, so wunderbar zart wie ein von Canaletto gemalter Sonnenuntergang in der venezianischen Lagune gleich hinter der Elbe.

Rüdiger und Dirk Kowalke und der gesamten Belegschaft des Fischereihafen Restaurants wünsche ich von Herzen weiterhin Erfolg. Er wird ihnen sicher sein, solange sie die Aalsuppe wenigstens in den Wintermonaten auf der Karte lassen und meinem Zwerglöwen auch in Zukunft den Zutritt gewähren.

ULRICH TUKUR

„EINE GUTE KÜCHE IST DAS FUNDAMENT ALLEN GLÜCKS.“

GEORGES AUGUSTE ESCOFFIER, 1846–1935,
FRANZÖSISCHER KÜCHENMEISTER,
SCHÖPFER DES STANDARDWERKS MODERNER KÜCHENKUNST,
„LE GUIDE CULINAIRE“.

INHALT

MEIN RESTRAURANT

„EIN GASTGEBER IST WIE EIN FELDHERR: ERST WENN ETWAS SCHIEFGEHT, ZEIGT SICH SEIN TALENT.“

HORAZ, 65–8 V. CHR., RÖMISCHER DICHTER

FEIERLICHE INTHRONISATION: PELZBEKRÄNZT WERDE ICH 1976 GEMEINSAM MIT DREI KOLLEGEN IN DIE WEINBRUDERSCHAFT „LA JURADE DE SAINT-ÉMILION“ AUFGENOMMEN.

MEIN RESTAURANT

LETZTE KONTROLLE AM PASS: KEIN GERICHT VERLÄSST DIE KÜCHE OHNE DEN PRÜFENDEN BLICK DES CHEFKOCHS.

MEINE GÄSTE

EIN BUDDELSCHIFF FÜR DEN MAESTRO. LEONARD BERNSTEIN, DER GENIALE DIRIGENT, KOMPONIST UND PIANIST, KAM UM MITTERNACHT – MIT 120 FESTLICH GEKLEIDETEN GÄSTEN.

LINKS: DR. ULI MERKLE, DAMALIGER CHEF DER POLYGRAM

BEETHOVEN · BERNSTEIN
9 SYMPHONIEN

MEIN RESTAURANT

BEI UNS KENNT JEDER SEINE ROLLE, OB IN DER KÜCHE ODER IM SERVICE. UND JEDER KANN SICH AUF DEN ANDEREN VERLASSEN.

Steinbutt mit Pommerysenfsauce auf Schmorgemüse

MEINE REZEPTE

GUTES ESSEN IST BALSAM FÜR DIE SEELE: UNSERE KÜCHE BALANCIERT ZWISCHEN INTERNATIONALEN UND REGIONALEN, ZWISCHEN TRADITIONELLEN UND TRENDIGEN GERICHTEN.

Jakobsmuscheln mit Trüffelscheiben auf Kräuterrisotto

AUCH WENN DER LADEN BRUMMT UND SICH DIE BESTELLUNGEN ÜBERSCHLAGEN – DER KELLNER MUSS SEIN WIE DER FELS IN DER BRANDUNG: UNERSCHÜTTERLICH.

WAS IM
FISCHEREIHAFEN RESTAURANT
AUF EIS GEBETTET
IN DER KÜCHE LANDET,
IST FANGFRISCH.
NOCH AM GLEICHEN TAG
ZAUBERT DIE KÜCHENBRIGADE
DARAUS DIE VERSCHIEDENSTEN
GERICHTE.

MEIN LEBEN

29 STUFEN ZUM ERFOLG

DER ERSTE VERDIENST – EIS AM STIEL

DANCING CHEEK TO CHEEK IN BASEL

ZUSPRUCH MIT „WOTANS FLAMMENDEM SCHWERT“

EIN GESTRANDETES SCHIFF
WIRD FLOTTGEMACHT

EIN GENIE UND EIN TV-SPOT
SICHERN DEN ERFOLG

WIE OFT BIN ICH SIE HOCHGESTIEGEN, DIESE 29 STUFEN ZU MEINEM RESTAURANT?

TÄGLICH MINDESTENS ZWEIMAL. UND DAS AN 365 TAGEN IM JAHR – DIE PAAR URLAUBSTAGE MAL VERGESSEN. ÜBER 30 JAHRE LANG. BILDLICH GESEHEN STEHE ICH 84 KILOMETER ÜBER DEM MEERESSPIEGEL, HABE FAST ZEHNMAL DIE HÖHE DES MOUNT EVEREST IN MEINEM BERUFSLEBEN ERKLOMMEN. KEINE SCHLECHTE LEISTUNG FÜR JEMAND, DER VON DER NORDDEUTSCHEN TIEFEBENE AUS DIE SOZIALE LEITER HOCHGEKLETTERT IST.

KLASSIKER
DER DEUTSCHEN KÜCHE

FRIKADELLEN MIT KARTOFFELSALAT

Für 4 Personen

ZUTATEN: 200 g Kalbfleisch fein gewolft, 200 g Schweinefleisch fein gewolft, 120 g Toastbrot, 70 ml Milch, 70 ml Sahne, 100 g feine Zwiebelwürfel, ½ Knoblauchzehe fein gehackt, 2 EL gehackte Petersilie, 1 El Majoran, 2 Eier, 1 TL scharfer Senf, 1 Messerspitze scharfer Meerrettich, Salz, Pfeffer, Muskatnuss

ZUBEREITUNG: Das Toastbrot in Milch und Sahne gut einweichen. Die Zwiebelwürfel zusammen mit dem gehackten Knoblauch und der Petersilie in Öl andünsten. Das Brot gut ausdrücken und mit den angeschwitzten Zutaten und den aufgeschlagenen Eiern zu dem Hackfleisch geben. Alles gut vermischen und mit den übrigen Zutaten abschmecken. Die Frikadellen formen und in Öl bei mittlerer Hitze langsam braten, bis sie schön braun und knusprig sind.

ZUTATEN: 800 g festkochende Kartoffeln, 1 Zwiebel, 2 Gewürzgurken ohne Schale in Würfel geschnitten, 2 hartgekochte Eier gehackt, 100 ml Geflügelbrühe, 50 ml Gewürzgurkenfond, 1 EL gehackte Petersilie, 1 EL Senf mittelscharf, Salz, Pfeffer, Zucker, Weißwein-essig, 6 EL Salatmayonnaise

ZUBEREITUNG: Die Kartoffeln in der Schale in leicht gesalzenem Wasser mit etwas Kümmel weichkochen. Die Kartoffeln pellen und in dünne Scheiben schneiden. Hühnerbrühe und 50 ml Gewürzgurkensud mit den Zwiebelwürfeln aufkochen und über die Kartoffelscheiben geben. Die Kartoffelscheiben 2–3 Stunden marinieren. Die Flüssigkeit sollte komplett von den Kartoffeln aufgenommen sein. Die Gurken, gehackte Eier und Petersilie mit der Mayonnaise unter die Kartoffeln mischen. Mit Salz, Pfeffer und Senf abschmecken. Eventuell noch mit einem Spritzer Weißweinessig und Zucker abrunden.

WENN ICH ES DARAUF ANLEGEN WÜRDE, könnte ich von einer mitleiderregenden Kindheit erzählen – Mutter gestorben, als ich ein Jahr alt war, Vater schiebt mich ab zu seinem Bruder in die Walachei, sprich nach Eichholz. Das war damals eine Siedlung zwischen Trave und Wakenitz an der Grenze zu Mecklenburg-Vorpommern. In der fast autolosen Zeit der 50er sehr weit weg von der Breiten Straße in Lübeck, dem Wohnsitz meines Vaters. Klingt traurig. Habe ich aber nicht so empfunden.

In meinen frühesten Erinnerungen wird Oma Minna wieder lebendig, mein liebevoller Mutterersatz. Onkel Bruno und Tante Else tauchen auf, wie sie Gänse, Hühner, Schweine und Kühe auf der kleinen Hofstelle umsorgen, und ich sehe ihre Söhne Hartmut und Gerhard vor mir, fünf und zwölf Jahre älter als ich. Ich war ihr kleiner, zugelaufener Bruder.

Der Lebensfilm, zurückgespult in die Kindertage, spielt vorwiegend im Schankraum der Gastwirtschaft „Zum Landhaus", der zweiten Einnahmequelle meines Onkels. Ich bin im Sinne des Wortes hinterm Tresen groß geworden. Auf einer Kartoffelkiste stehend, linste ich am Zapfhahn vorbei in den Gastraum. Am Stammtisch mit dem kleinen Fähnchen „Reserviert" wurde krachend Skat gespielt, am Fenstertisch saß, wie immer zur Mittagszeit, ein altes Ehepaar und löffelte Eintopf. Oma Minna zapfte Bier oder füllte Gläser mit Doppelkorn. Tante Else werkelte in geblümter Kittelschürze in der dampfenden Küche.

Schlachtplatten waren der Renner, Frikadellen und Nackenkarbonade mit Kartoffelsalat. Davon stand jeden Abend eine große Platte auf dem Schanktisch. Den Duft von Gebratenem, ich habe ihn noch in der Nase – ein Geruchssouvenir aus jenen Tagen.

Über die eigenen Kinderjahre zu urteilen ist schwer – man hat nicht viele Vergleichsmöglichkeiten. Natürlich wuchs ich unbehütet auf: keine Mutter, die mich tröstete, einen vielbeschäftigten Vater, der meistens unerreichbar war. Ich lief so mit in diesem Familienbetrieb meines Onkels. Wenn ich heute sehe, wie Eltern ängstlich ihre Kinder auf Schritt und Tritt bewachen … das war damals nicht drin. Die wulstige Brandnarbe auf meiner rechten Handfläche zeugt bis heute davon. Ich hatte auf dem Hof unter den Büschen nach Eiern gesucht – damals liefen die Hühner ja noch frei herum –, da lag ein dicker Draht, ich fasste ihn an … und klebte schreiend fest. Ein nicht isoliertes Starkstromkabel. Onkel Bruno war Gott sei Dank in der Nähe und riss mich los.

Die Brüder Kowalke, Onkel Bruno und mein Vater Heinz, waren mit Oma Minna 1945 aus Danzig geflohen, beide gelernte Schlachter. Zwei kräftige junge Männer Mitte zwanzig, die kaum mehr hatten als das, was sie bei der Flucht auf dem Leib trugen. Jetzt waren sie arbeitslos, Ostflüchtlinge, Rucksackdeutsche, wie es abfällig hieß. Mit der Vergangenheit hielten sie sich nicht lange auf. Die Gegenwart bot anfangs nur den Schwarzhandel, um über die Runden zu kommen, aber sie hatten die Zukunft fest im Blick. Getrennt werkelten sie an unterschiedlichen Orten an einer bürgerlichen Existenz.

Oma Minna war so etwas wie die geliebte Leiharbeiterin ihrer Söhne. Wo sie gebraucht wurde, ging sie hin – und ich wanderte mit.

Vaters erste Berufsidee entsprang der Zeit und der selbstgestellten Frage: Was brauchen die Leute jetzt am dringendsten? Die Antwort war klar: Was in den Magen! Vor der Idee und dem Verdienst stand allerdings die Investition! Und so kaufte mein Vater – kluger Geschäftsmann, der er war – einen dreirädrigen Goliath Transporter GD 750. Dieses Fahrzeug kleiner Gewerbetreibender, das eine Nutzlast von 750 Kilogramm transportieren konnte, kostete 3425 DM. Die schwindelerregende Kapitalanlage lohnte sich. Mit dem Gefährt holte mein Vater vom Hamburger Großmarkt Obst und Gemüse und verkaufte es in Lübeck auf dem Markt. Später kam Wein hinzu. Und damit mein erster Job. Vater saugte mit einem Schlauch den Wein aus den Hundert-Liter-Gallonen an und ließ ihn in Literflaschen laufen. Ich durfte die Etiketten kleben. Es war nicht gerade ein „Château Mouton Rothschild", was da seinen Namen bekam. Auf den handgeschriebenen Zetteln standen weder Jahrgang noch Anbauregion, Traubensorte, Säure- oder Alkoholgehalt. Vor allem einprägsame Namen seien wichtig, fand mein Vater. So hießen sie „Muskateller" und „Tarragona". Heute bin ich sicher: Nie hat sich auch nur ein Tröpfchen von der schon im alten Rom gepriesenen „uva apiana" in einem der Kanister verirrt, noch gab es einen Hauch der Garmachatraube im anderen. Muscat de Frontignan und sortenreinen Tarragona Clásico habe ich später dekantiert. Damals waren die Menschen froh, wenn bei festlichen Anlässen etwas auf dem Tisch stand, was wie Wein aussah und auch noch nach Wein schmeckte – vor allem „lieblich" musste es sein. Heute würden wir sagen: limonadensüß.

VATERS GOLIATH GD 750, mit dem er Obst und Gemüse vom Hamburger Großmarkt holte, um es in Lübeck zu verkaufen.

Mit Oma wieder mal zurück nach Eichholz zu Onkel Bruno, erschloss sich mir meine erste Verdienstquelle. Die Bezahlung bestand zwar nur aus einem Pinguin-Eislutscher, und doch war es der Startschuss in mein Erwerbsleben.

Alles begann dort, wo die asphaltierte Brandenbaumer Landstraße abrupt endete und ein großes Schild auf Englisch, Russisch und Deutsch verkündete: „Englisch-russische Demarkationslinie". Später wurde mit Schlagbaum und Beobachtungsturm auf der Zonenseite aufgerüstet. Der Westen konterte mit einem sechssäuligen Nachbau des Brandenburger Tors und dem Springer-Slogan „Macht das Tor auf".

WO DIE BRD ENDETE und die „sowjetisch besetzte Zone" begann, verkaufte ich Postkarten an Heimatvertriebene.

Schon damals kamen Leute in Bussen angereist, um wehmütig nach „drüben" zu blicken. Die meisten Besucher waren ehemalige Bewohner der russisch besetzten Zone. Onkel Bruno witterte eine neue Verdienstquelle und besorgte Postkarten mit dem Grenzmotiv. Ich stand am Bus, wenn die Touristen wieder einstiegen, und bot die Ware feil. Wer sich die Augen voller Heimweh wischte, war ein sicherer Kunde, das hatte ich schnell begriffen. 60 bis 80 Stück der Schwarzweißfotos schlug ich an manchen Wochenenden los. Das Geld musste ich abliefern, aber wie gesagt: Eis am Stiel – immerhin. Auch bei meinem Vater begannen die Geschäfte zu florieren. 1957 eröffnete

HINTER DEM TRESEN
BIN ICH GROSS GEWORDEN.
DER SCHANKRAUM WAR MEIN SPIELZIMMER.
OMA MINNA UND ANGESTELLTE IN
VATERS ERSTEM LOKAL „ZUR KAJÜTE“.

VATER FEIERT DEN 30. in seiner „Kajüte" mit Gästen und Angestellten – und ich bin sein Schoßkind.

er mit den Gewinnen aus dem Gemüseverkauf die erste Gaststätte. Sie hieß „Zur Kajüte" und lag direkt am Hafen, ein Treffpunkt für Seeleute und ihre Mädels. Bei der Eröffnung stand ich neben der Kapelle und klimperte mit Kastagnetten. Ich weiß noch, dass ich Zeter und Mordio schrie und mich mit Händen und Füßen wehrte, als Oma Minna mich weit nach Mitternacht ins Bett verfrachtete.

Der Laden lief vom ersten Tag an, und natürlich musste ich mit anpacken: Leergut wegräumen, Wurst heiß machen, Brote schmieren, Bohnenkaffee aufgießen. Sonntags, wenn Vater mal ausschlafen wollte von der langen Nacht am Sonnabend, gab er mir den Schlüssel zum Aufschließen. Um neun kamen die ersten Gäste zum Frühschoppen. Wenn gegen elf die Stiege knarrte und mein Vater von der Wohnung herunterkam, hatte ich schon gut 250 Mark in der Kasse.

In der folgenden Zeit entwickelte mein Vater ein weiteres Geschäftsmodell. Er kaufte heruntergekommene Lokale für kleines Geld, päppelte sie hoch und verkaufte sie mit gutem Gewinn. Wir kamen ziemlich herum in dieser Zeit, Vater und seine wechselnden Ehefrauen, die noch häufiger wechselnden Freundinnen, Oma und ich. Besonders Reinfeld ist mir noch gut in Erinnerung, wegen der Karpfen. Zisterzienser-Mönche hatten dort schon vor fast tausend Jahren 60 Fischteiche angelegt. Vater übernahm in dem kleinen Ort zwischen Lübeck und Bad Oldesloe gleich zwei Wirtschaften in der Nähe des 40 Hektar großen Herrenteiches: die bürgerliche Gaststätte „Zum goldenen Bären" und das Speiselokal „Zur gemütlichen Ecke", Treffpunkte der Karpfenfreunde. Vielleicht war diese erste, finanziell überaus erfolgreiche Begegnung mit dem Nahrungsmittel Fisch beruflich prägend?!

Das viele Herumziehen – ich war auf einem Dutzend unterschiedlicher Schulen – drückte meine Zensuren. Hausaufgaben machen hielt ich für vergeudete Zeit. Still auf einer Bank sitzen und dem Lehrer zuhören, was er über Matthias Claudius erzählte. Ja ja, in Reinfeld geboren, in Hamburg gestorben. „Der Mond ist aufgegangen ...", was ging mich das an? Mein Gott, das ist dreihundert Jahre her. Da draußen tobte mein Leben. Dort boten sich so viele Möglichkeiten, das Taschengeld aufzufrischen. Zeitungen austragen oder den Balljunge auf den Tennisplätzen spielen und dafür Bares kassieren zum Beispiel, das machte Sinn. Als mein Vater einen Brief vom Direktor erhielt wegen fortgesetzten Schulschwänzens seines Filius, bekam ich richtig Ärger. Das heißt ordentlich eins hinter die Löffel.

FRIEDENWEILER Harte Lehrjahre in einem Kurort mit tausendjähriger Geschichte.

Mit 16 ging ich von der Schule ab, mittlere Reife, immerhin. Allerdings reichte das nicht zum künftigen Zahnarzt, dem Berufswunsch meines Vaters für den Sohn. Wollte ich aber sowieso nicht werden. Ich studierte die AHGZ, die „Allgemeine Hotel- und Gaststätten-Zeitung". In Friedenweiler im Hochschwarzwald suchte das Kurhaus einen Kochlehrling. Die inzwischen vierte Ehefrau meines Vaters riet mir begeistert zu, vor allem wohl, weil sie mich aus dem Haus haben wollte – und Friedenweiler lag schön weit weg.

DIE LEHRE ALS KOCH IST EIN STEINIGER WEG MIT VIELEN STUFEN.

Während der dreijährigen Ausbildung muss der künftige Küchenchef jeweils neun Monate lang verschiedene Positionen durchlaufen: „Entremetier", früher eine Bezeichnung für den Koch der Zwischengerichte, heute bereitet der Verantwortliche in dieser Position Suppen, Gemüse, Eierspeisen zu. Danach wird der Lehrling zum „Chef Gardemanger" versetzt und muss sich als „Essensbewacher" (so die Übersetzung) um Pasteten, Salate und Speisen fürs kalte Buffet kümmern. Mir gefiel am besten der „Saucier"-Posten. Da war man – wie der Name sagt – für Saucen (und nicht etwa Soßen), aber auch für Fleisch- und Fischgerichte zuständig. Also alles, was mit Saucen angerichtet wird. Und schließlich der „Patissier", der Mann fürs Süße.
Die traditionelle Küchenbrigade bildet eine fast militärisch strenge Hierarchie. Wir, die „Apprentis", waren die Rekruten und standen etwa auf der gleichen Stufe wie die „Plongeurs", die Geschirrspüler. Jeder konnte uns rumkommandieren – die Jungköche, die „Chefs de Partie", der „Souschef" und vor allem der „Chef de Cuisine".

So ein Küchenchef hatte in den frühen 60ern, als ich lernte, eine ähnlich gefühlte Befehlsgewalt wie einst der Kapitän auf hoher See. Na ja, die Todesstrafe konnte er nicht verhängen. Aber mit Pfannen nach dem Lehrling geworfen hat so mancher berühmte Koch, der im Fernsehen heute den netten Küchenmann gibt. Körperliche Züchtigung wurde keineswegs als strafrechtliches Delikt angesehen.

Mein Chef hatte eine Narbe von einem Granatsplitter im Gesicht, die dunkelrot anschwoll, wenn er in Rage geriet, dann hagelte es Ohrfeigen. Freitags, am Fischtag, gab es als Alternative für Hausgäste Omeletts. Das war Lehrlingsarbeit. Die Eierspeise durfte sich nicht wölben, und sie durfte auf keinen Fall eine bräunliche Farbe beim Zubereiten annehmen. Beides passierte unweigerlich, wenn die Pfanne über der Glut des Kohleofens zu heiß wurde.

Mir hat er deshalb einmal 160 Omeletts vor die Füße geschmissen und mir eine geknallt. Trost von meinem Vater konnte ich kaum erwarten. Telefonische Klagegesänge wiegelte er mit Sprüchen ab wie: „Stell dich nicht so an", „Lehrjahre sind keine Herrenjahre" oder: „Ein paar hinter die Ohren hat noch keinem geschadet". Ich konnte ihm das nicht übelnehmen, für einen ehemaligen Soldaten an der Ostfront waren Schläge Peanuts.

Endlich war ich ein freier Mann und hatte die Gehilfenprüfung in der Tasche. Der „Baselstab", ein Musikladen mit Restauration in der drittgrößten Stadt der Schweiz, stellte mich als Jungkoch ein, heute ist dort eine Mövenpick-Brasserie.

KLASSIKER
DER DEUTSCHEN KÜCHE

ARMER RITTER

Für 4 Personen

ZUTATEN: 300 ml Milch, 3 Eier, 80 g Vanillezucker, 1 Prise Salz, 8 Scheiben Toast, Brötchen oder Kastenweißbrot (altbacken oder frisch), 100 ml Butterschmalz

ZUBEREITUNG: Die Milch mit den aufgeschlagenen Eiern, Zucker und Salz verrühren.
Die Brotscheiben 2- bis 3-mal in der Milch einweichen und wenden, bis sie sich vollgesaugt haben.
In einer Pfanne das Butterschmalz erhitzen und die Brotscheiben darin knusprig braten, bis sie eine schöne braune Farbe haben.
Die gebackenen Brotscheiben mit Zimtzucker bestreuen und mit Vanillesauce und Kompott servieren.

PFANNKUCHENWENDEN Nicht jeder Lehrling schafft auf Anhieb den Wurf mit eleganter Drehung wie vom Chefkoch vorgeführt. So mancher Erstversuch landet auf dem Küchenboden.

HEUTE EINE MÖVENPICK-BRASSERIE, damals hieß der Laden „Baselstab" und war ein Musikladen mit Restauration.

Friedenweiler war zwar wunderschön, ein stiller, kleiner Kurort mit tausendjähriger Geschichte und einem imposanten Frauenkloster, berühmt für Hinterglasmalerei und Geigenbau, Titisee und Feldberg in der Nachbarschaft. Ohne Frage, ein Paradies für Naturfreunde, Erholungssuchende und Wanderer – für einen jungen Kerl wie mich war es die Einöde.

Was für ein Unterschied dagegen Basel, was für eine Offenbarung, diese Wunderwelt im Dreiländereck Deutschland/Frankreich/Schweiz, in der das Leben tobte. Big Bands gaben damals den Ton an, und ich ging zu jedem Konzert – solange mein Geld reichte. Ich liebte sie alle – Hazy Osterwald mit seinem Sextett, Jochen Brauer, der gleichermaßen gut Saxophon, Klarinette und Akkordeon spielen konnte, „Tiger Rag" und „Dancing Cheek to Cheek". Die Version von Louis Armstrong und Ella Fitzgerald habe ich mir später gekauft. Von so einem romantischen Tanzvergnügen träumten wir jungen Köche. Die richtige Partnerin zu finden war aber nicht so einfach. Wir waren harte Malocher mit einem Zehn-Stunden-Tag und trotzdem arme Schlucker. Als Jungkoch stand man auf den unteren Stufen der Sozialleiter. Bis Eckart Witzigmann drei Sterne für sein Münchner Restaurant „Aubergine" erringen und damit dem Beruf Glanz und Ansehen verschaffen sollte, mussten noch gute zehn Jahre vergehen.

Welches Mädchen wollte schon Wange an Wange mit einem Koch tanzen? Studenten hatten Schlag und natürlich diese geschniegelten Jungbanker. Ein Koch, das wussten die Mädchen, muss bis in die Puppen arbeiten, vor elf abends war kaum mit ihm zu rechnen, und auf der Naht hat er auch nichts. Zum Essen wird er dich eh nicht ausführen, weil er noch satt vom kostenfreien Personalfutter ist. Und dann riecht er auch noch ein wenig nach Küche. Da konnte man sich vor dem Rendezvous schrubben, wie man wollte.

Mit charmanter Unverfrorenheit und gespieltem Selbstbewusstsein verbesserte ich ab und an das berufliche Handicap. Aber nach dem 15. des Monats nützte das auch nichts mehr. Dann war Sense mit Ausgehen, kaum ein Rappen von den 500 Franken, die ich als Jungkoch verdiente, steckte noch in der Tasche.

IM FRÜHJAHR 1967 RIEF VATER AN. SEINE STIMME KLANG UNSICHER UND SCHWACH, nicht wie sonst lebensfroh und fordernd. Er bat mich, nach Hause zu kommen und die „Bärenschenke" in Eichholz für ihn zu leiten. Er müsse ins Krankenhaus. Das Herz! Also wieder Zonengrenze. Gegen Hamburg ist Basel – damals knapp 150 000 Einwohner – ein Dorf, aber gegen Basel ist Eichholz der verlassenste Fleck auf Erden. Ich hatte allerdings keine Zeit, mich zu langweilen. Ich war alles in einem: frühmorgendlicher Einkäufer, Schankwirt, Koch, Bedienung und Putzmann fürs Grobe.

Es sprach sich rasch rum, dass es bei mir einen reichhaltigen Mittagstisch für fünf Mark gab und an jedem Wochentag ein anderes Gericht: Kohlroula-

BASEL WAR EINE OFFENBARUNG. ▶ Big Bands gaben damals den Ton an. Hazy Osterwald mit seinem Sextett waren meine Favoriten.

KLASSIKER
DER DEUTSCHEN KÜCHE

WIE BEREITE ICH EIN STEAK ZU?

Man sollte beim Steak darauf achten, dass man sehr gut abgehangenes Fleisch kauft. Steakfleisch sollte eine schöne Marmorierung aufweisen. Dies ist der Garant für den typischen Steakgeschmack.
Das Fleisch sollte niemals direkt aus dem Kühlschrank in die Pfanne. Am besten brät man ein Steak, wenn es Zimmertemperatur hat. Das Fleisch sollte 2,5–4 cm dick geschnitten sein, damit es beim Braten nicht austrocknet.
Butter eignet sich nicht zum Anbraten. Man sollte ein hocherhitzbares Öl verwenden, damit man das Fleisch scharf anbraten kann und es eine schöne Kruste bekommt.
Das Fleisch sollte scharf angebraten und dann langsam bei niedriger Temperatur weiter gegart werden, damit es saftig bleibt.

Das Fleisch nach dem Braten unbedingt ruhen lassen, damit sich der Fleischsaft verteilt und das Fleisch entspannt.

Vor dem Servieren das Fleisch in Butter nachbraten und mit Thymian und Rosmarin aromatisieren. Mit grobem Meersalz und Steakpfeffer würzen.

GARSTUFEN UND KERNTEMPERATUREN BEIM RINDERSTEAK:
Man kann die Garstufe mit einem Fingerdruck am Widerstand des Garguts kontrollieren, was aber einiger Erfahrung bedarf.
Einfacher ist ein Bratenthermometer, bei dem der Fühler in den Fleischkern gesteckt wird und man die erreichte Temperatur ablesen kann.

RARE 45–49 °C
MEDIUM RARE 50–54 °C
MEDIUM 55–59 °C
MEDIUM WELL 60–71 °C
WELL DONE mehr als 71 °C

den, Königsberger Klopse, Gulasch, das waren die beliebtesten Stammessen. Wenn gegen Mitternacht die Polizeistunde schlug, dankte ich den Behörden, dass sie für meine Nachtruhe sorgten.

Nach einem Dreivierteljahr Pause konnte Vater den Laden wieder alleine stemmen – um drei Bypässe reicher. Er hat mir meinen Einsatz nie vergessen. Unserer distanzierten Vater-Sohn-Beziehung tat das gut. Über seine Krankheit waren wir uns nähergekommen.

DIE STÜRMISCHEN ZEITEN DER 68ER HABEN BEI MIR KEIN LÜFTCHEN BEWEGT.

Ich las in den „Lübecker Nachrichten" von Demonstrationen auf der Hamburger Moorweide. Da wurde zum „offenen Kampf gegen die autoritär-faschistischen Tendenzen" aufgerufen. Ich konnte mir darunter nichts vorstellen. Und warum 2000 junge Leute die Auslieferung der „BILD"-Zeitung vor dem Springerhaus verhindern wollten, blieb mir ein Rätsel. Die meisten waren nach den Fotos zu urteilen in meinem Alter. Aber was ging das mich an? Dass der zweite Elbtunnel im Schildvortrieb für die westliche Umgehung Hamburgs gebaut wurde, das fand ich spannend. Und dass zum ersten Mal ein Vollcontainerschiff von 214 Meter Länge die Elbe herauffuhr, die „American Lancer" – eine Sensation. Dass damit die größte technologische Revolution im Seeverkehr anbrach, ahnten wir natürlich nicht. Wenn ich heute aus dem Fenster des Fischereihafen Restaurants auf die Elbe blicke, sehe ich Seetransporter, die fast 400 Meter lang sind, vollgepackt mit 16 000 Standardcontainern. Die „American Lancer" hatte knapp 1200 davon an Deck.

Eine andere wichtige Weichenstellung habe ich allerdings nicht mitbekommen, obgleich sie Einfluss auf meinen späteren Lebensweg haben sollte. Im November 1968 wurde der Staatsvertrag zwischen Hamburg und Schleswig-Holstein über den Bau des Großflughafens Kaltenkirchen unterzeichnet. „Ein Musterbeispiel überregionaler Zusammenarbeit", hieß es bei dem Festakt. Aber davon später.

Für Politik war ich viel zu beschäftigt. Mein uneingeschränktes Interesse galt meiner Arbeit. Ich wollte im Beruf vorwärtskommen. Mehr als der Flughafen hätte mich damals wahrscheinlich interessiert, dass ein mir unbekannter Gastronom eine neue Art von Steak-Restaurant in der Hamburger Dorotheenstraße eröffnet hatte, „Block House" genannt. Der Name Eugen Block wurde mir erst geläufig, als er schon ein gutes Dutzend davon besaß, dazu ein Luxushotel und eine Fluggesellschaft – die allerdings später abstürzte –, egal: was für eine bewundernswerte Karriere.

Als neuer Grillchef im „Hotel Jensen" am Lübecker Holstentor lag mir mehr als alle Zeitungsnachrichten „Wotans flammendes Schwert" am Herzen. So hieß ein großer Metallspieß, gespickt mit Filets vom Rind, Kalb und Lamm, dazwischen unterschiedliche Gemüse. Das gegrillte Fleisch wurde je nach Wunsch reichlich mit Cognac oder Whisky begossen und angezündet. Ein Riesenspaß für einen 21-Jährigen, besonders nach den tristen Zeiten in Lübecks Osten. Die Flammen meiner Spieße loderten am höchsten, was die Gäste freute und den Chef ärgerte. Wegen des erhöhten Alkoholverbrauchs. Das „Jensen" war ein Mekka für Carnivoren, berühmt sein Porterhouse-Steak – sechs Zentimeter dick, ein guter Zweipfünder, zwölf Minuten auf dem Rost gebraten, eine Schlemmerei für mindestens vier Personen. Besonders die Skandinavier liebten das große Fressen und spülten jeden Bissen mit Aquavit runter, wie es sich für echte Nordmänner gehört. Ich musste da oft mithalten – na ja, was tut man nicht alles fürs Geschäft. Ich konnte gut was vertragen, aber ich habe im Gegensatz zu manchem Kollegen nie Probleme mit Alkohol gehabt. Ich war und bin ein Genusstrinker.

Im Frühjahr 1969 – die Schneemassen, unten denen die Stadt Mitte Februar zu versinken drohte, zerrannen in den Gullys, der Verkehr rollte wieder wie eh und je, die Müllabfuhr machte Überstunden, um der Abfallberge Herr zu werden – zog ich nach Hamburg. Da wollte ich schon immer hin. Und dann noch als Souschef im „Flughafen-Restaurant" Fuhlsbüttel, der zweithöchste von 16 Köchen. Und das mit 22. Mein Vater war richtig stolz auf mich. Den verrücktesten Tag habe ich dort erlebt, als der erste Jumbojet in Hamburg landete, eine Boeing 747. Das fanden viele Hamburger spannender als die Landung des ersten Menschen auf dem Mond Ende Juli. Unser Lokal war dicht besetzt, weil die Besucher von dort die beste Aussicht hatten. Als per Lautsprecher die Landung angekündigt wurde, stürmten Leute von draußen rein. Hinten stiegen sie auf die Tische, um besser zu sehen, Porzellan, Besteck, Gläser und Essen landeten auf dem Boden. Was für eine Schweinerei! Aber auch ein tolles Erlebnis. Da sagt man immer, die Hamburger seien steif. Heute guckt kein Schwein mehr, wenn ein Jumbo landet.

Küchenchef im „Hotel Wiking" war die nächste Stufe auf der Berufsleiter. Es war die Zeit der ersten deutschen Gastrokritiker – Klaus Besser, Gert von Paczensky, Wolfram Siebeck. Ambitionierte Köche lasen begierig, was sie schrieben. In Frankreich hatten Christian Millau und Henri Gault den Begriff Nouvelle Cuisine kreiert, und ich wurde Mitglied der ältesten gastronomischen Institution der Welt – der „Chaine des Rotisseurs". In dieser Bruderschaft der „Bratmeister" trafen sich prämierte Profiköche und kochende Genießer an unterschiedlichen Orten, um Ideen und Gedanken rund um das leibliche Wohl auszutauschen. Im „Wiking" versuchte ich einiges davon umzusetzen. Das Restaurant wurde ein Feinschmecker-Treff. Gourmet-Tempel nannte man so etwas damals – das bedeutete, weiß eingedeckte Tische, unterschiedliche Gläser für Bordeaux und Burgunder und eine kleine franzö-

EIN BELIEBTER TREFFPUNKT für Skandinavier mit Vorliebe für riesige flambierte Fleischspieße – das „Hotel Jensen". Rüdiger Kowalke wurde dort Grillchef.

DIE ERSTE LANDUNG EINES JUMBOJETS erlebte ich hautnah im Flughafen-Restaurant Fuhlsbüttel. Als die Boeing 747 aufsetzte, stürmten begeisterte Besucher das Restaurant.

ALS GASTRONOM MUSSTE ICH MIR ETWAS EINFALLEN LASSEN, um die Hamburger in die Provinz nach Kaltenkirchen zu locken. Mal trat ich geschmückt mit „Chaine des Rotisseurs" bei Grillevents auf. Mal entwickelte ich italienische Wochen – cucina italiana mit Pizza, Pasta, Polenta, Parmesan, um nur den Buchstaben P zu bedienen. Einen Monat später wurden Schweizer Spezialitäten aufgetischt – Züricher Geschnetzeltes, Berner Rösti, Rüeblitorte oder gesellige Runden mit Raclette oder Fondue, gehobeltem Greyerzer oder Sbrinz, begossen mit Rotweinen aus dem Wallis oder Weißem aus der Chasselas-Traube. Natürlich gab es schon damals Fischwochen. Prominente und Presseleute kamen gern zu diesen Events, wie rechts der Stimmungsmusiker Heinz Köllisch und oben Bildreporter Horst Dammasch.

sisch angehauchte Menükarte. Franz Glogner, ein Hamburger Bauunternehmer und häufiger Gast, lotste mich eines Tages von dort nach Kaltenkirchen. Er würde in Schleswig-Holstein, 39 Kilometer von der Hamburger City entfernt, ein Country Hotel bauen – 40 Zimmer, zwei Restaurants, acht Kegelbahnen, Konferenzräume. Alles noch nicht fertig. Ich könne der künftige Geschäftsführer sein, müsse mich um die Inneneinrichtung kümmern, um Vorhänge, Teppichbeläge, Mobiliar und natürlich um alles, was einen Restaurationsbetrieb auf den neuesten Stand der Technik bringt. Geschäftsführer von einem Millionenobjekt mit weitgefächertem Kompetenzbereich – ob ich mir das zutraue?

Und ob! Etwas Neues aufbauen, welch reizvolle Aufgabe. Und noch etwas bestimmte meine schnelle Entscheidung: Der kleine Ort im Kreis Segeberg versprach Zukunft. Hier sollte die Drehscheibe des Nordens im Flugverkehr entstehen. Schon im Zweiten Weltkrieg hatte die Reichsluftwaffe in Kaltenkirchen einen Militärflugplatz unterhalten. Daraus wurde 1955 ein Truppenübungsplatz der Bundeswehr. Weil der innerstädtische Airport Fuhlsbüttel kaum Platz für Expansion bot, plante Hamburg, das Gelände zum Großflughafen auszubauen. Die Planung lief.

Kaltenkirchen mit seinen knapp 5000 Einwohnern würde sich, das versprach die Planung, bald in eine quirlige Stadt verwandeln. Doch dann, 1973, wurde das „Großprojekt" kleinlaut zu den Akten gelegt. Die gerichtliche Begründung erscheint heute, im Zeitalter des Massentourismus im Flugverkehr, lachhaft: Die Entwicklung des Luftverkehrs könne nicht verlässlich prognostiziert werden, hieß es.

IN PORTUGAL, BEI EINEM GLAS VINHO VERDE, einem leichten, moussierenden Weißen aus der Alvarinho-Traube, ereilte mich im Frühjahr 1980 mein Schicksal. Ich saß entspannt mit meinem alten Freund Heinz Schlünkes im Schatten einer Pinie am Pool des Hotels – endlich mal Urlaub. Heinz und ich, wir kannten uns vom Hamburger „Flughafen-Restaurant". Er hatte dort gekellnert. Inzwischen war er selbständig, Pächter des Restaurants „Finkenwerder Elbblick", direkt am Köhlfleet-Hafen. Touristen, aber auch Hamburger treffen sich bei gutem Wetter gern auf seiner großen Terrasse: Blick auf Strom und Schifffahrt, Stint oder Scholle auf dem Teller.

Ich bewunderte seinen mutigen Schritt vom Kellner zum Unternehmer. Auch für mich ein verlockender Gedanke. Sagte mir aber: „Warum soll ich mich in ein finanzielles Abenteuer stürzen? Ich habe doch in Kaltenkirchen einen Arbeitgeber, der mich überaus schätzt, bin erfolgreich und ohne Frage Spitzenverdiener in dem Gewerbe. Was will man mehr mit 33?"

Insgeheim wollte ich natürlich mehr. Geschäftsführer in Kaltenkirchen bis zur Pensionierung? Das konnte es für mich nicht sein. Auf eigenen Beinen stehen, das wollte ich, mein eigener Chef sein. Ich hatte einen Traum, von dem ich keinem etwas erzählte: ein kleines Restaurant in der Hamburger

Restaurateur des Jahres

Gewählt von der Test-Equipe des GAULT MILLAU

Rüdiger Kowalke (rechts, mit Sohn Dirk)
Fischereihafen-Restaurant in Hamburg

16

Seit 25 Jahren ein Genie als Gastgeber.
Vorbild an gutgelaunter Professionalität und Vulkan der Public Relations.
Als Prominentenwirt wurde er selbst ein Prominenter.

RITTERSCHLAG Mit 26 Jahren wurde ich jüngstes Mitglied der „Confrérie des Rôtisseurs". Ritterschlag und feierliche Zeremonie fanden im Lübecker Rathaus statt. Diese internationale Zunft der Spießbrater geht auf das Jahr 1248 zurück, als König Ludwig IX. von Frankreich Köchen das Recht zusprach, sich zu einer Bruderschaft zusammenzuschließen. Jüngeren Datums war die Auszeichnung des Gault Millau. 2005 wählte die Test-Equipe Dirk und mich zu Restaurateuren des Jahres.

SO SAH IN DEN 50ER JAHREN der einzige Gastraum aus. Später kamen noch zwei Räume dazu.

oder Lübecker Innenstadt, höchstens 30 bis 40 Plätze, mit exzellenter Küche, die dem Haus bald ein bis zwei Michelin-Sterne einbringen würde. In Gedanken hatte ich es schon eingerichtet. Ich wusste genau, welche Tische, Stühle, Gläser, welches Besteck und Geschirr ich kaufen würde, und auch die technischen Details der Küche hatte ich im Kopf. Die Rezepte der kleinen, feinen Karte sowieso. Mein Glück, dass es nichts geworden ist. Dafür hatte ich ein paar Monate später einen zehnmal so großen Laden an der Backe, mit 180 Plätzen. Inzwischen sind noch eine Bar mit 20 Sitzgelegenheiten und 50 Terrassenplätze hinzugekommen.

Zurück nach Portugal, zum Vinho Verde. „Das Sellmer wird frei. Das wäre doch was für dich", sagte Heinz Schlünkes und schenkte uns nach. Sellmer? Den Namen kannte ich, dort gewesen war ich noch nie. Das Restaurant hatte einen guten Ruf. Wobei die Betonung auf „hatte" lag. Das schlichte Backsteinhaus aus dem 19. Jahrhundert direkt am Elbufer, einst Bürogebäude der Hamburger Fischmarkt GmbH & Co KG, war von Hermann Sellmer in den 50er Jahren gepachtet worden. Aus der einstigen Bierstube mit deftigem Mittagstisch für Fischer, Dockarbeiter und Händler wurde unter seiner Regie das bekannteste Fischrestaurant der Hansestadt. Der Name blieb dem Haus erhalten, als Hermann Sellmer in den Ruhestand ging, die Qualität aber sank unter den wechselnden Pächtern. Der letzte Betreiber war passionierter Jäger. Auf seiner Speisekarte standen vorwiegend Wildgerichte. Vor den Fenstern zum Strom hingen Tüllgardinen, auf den Fensterbänken standen Blumentöpfe. Es fehlten nur die Hirschgeweihe an den Wänden, und fertig wäre die Försterklause an der Elbe.

Diese Gaststätte in Schuss zu bringen und den guten alten Ruf zurückzuerobern, das wäre was, dachte ich, das würde mich schon reizen. Aber was würde Christa, meine Frau, dazu sagen? Christa hatte ich in Eichholz kennengelernt. Sie hatte sich bei meinem Onkel Bruno als Bedienung beworben und die Stelle auch – dank meiner begeisterten Fürsprache – bekommen. Eine gute Entscheidung. Sie sah toll aus, war charmant, konnte anpacken und wusste jeden Gast zu nehmen. Christa war ein paar Jahre älter und sicher auch einige Jahre erfahrener als ich. Das störte mich nicht und hielt mich erst recht nicht davon ab, mich sofort in sie zu verlieben. Ich war 22, als wir heirateten, sie 26.

Jetzt, 13 Jahre später, hatten wir es, wie man so sagt, geschafft. Wir haben beide hart gearbeitet, oft war es stressig, aber es ging stetig aufwärts. Wir haben einen wunderbaren Sohn, ein schönes Haus in Kaltenkirchen, sind geschätzte Mitglieder bei der Feuerwehr, im Jagdverein, im Spielmannszug, im Tennis- und Golfclub. Und ausgerechnet jetzt trennten wir uns. Das Fischereihafen Restaurant gab den Ausschlag.

Als ich ihr damals erzählte, dass ich mich für das Objekt bewerben wollte, hielt sie das für eine Schnapsidee: In Hamburg bis spät in die Nacht arbeiten und in Kaltenkirchen wohnen? Das geht auf die Dauer nicht. Und dann das finanzielle Risiko! Ich gab ihr recht. Aber wenigsten mal ansehen! Dazu ließ sie sich überreden.

ES DÄMMERTE, ALS WIR MIT UNSEREM BMW VON DER PALMAILLE IN DIE GROSSE ELBSTRASSE EINBOGEN.

Große Elbstraße, der Name machte was her. Aber damals war es eine Schmuddelecke, baufällige Lagerhallen, Schuppen, unbeleuchtete Speicher, schwimmende Asylantenheime. Durchs Autofenster drang der Geruch von brackigem Wasser und Fisch, der hier angelandet, verkauft und verarbeitet wurde. Dazu kam der säuerliche Mief des Braugetreides. Dort, wo heute das schicke Stilwerk steht, wurde gemälzt. Eine alte Tradition. Im 14. Jahrhundert, habe ich später in der „Kulturgeschichte des Essens und Trinkens" von Gert von Paczensky gelesen, gab es in Hamburg 457 Brauereien. Heute sind gerade mal eine Handvoll übriggeblieben. [1]

Am Straßenrand standen Mädchen und winkten uns auffordernd zu – nicht unbedingt die erste Garde des Gewerbes. Wer oben auf der Reeperbahn keinen Stich bekam, warb hier im Dämmerlicht auf hohen Hacken um Kundschaft, im Minirock und mit tiefem Ausschnitt oder in Skihosen und Anorak – je nach Jahreszeit. Es war eines der letzten Rückzugsgebiete der Freien und Hansestadt Hamburg für diesen alten Beruf. Aus St. Georg hatte eine „Sperrgebiets-Verordnung" die Damen des horizontalen Gewerbes schon 1961 vertrieben. Das „Dirnenunwesen", wie es amtlich hieß, ballte sich seitdem auf St. Pauli. Und auch hier schränkte 1967 ein „Verbot der Gewerbeunzucht" die Bewegungsfreiheit der Damen ein.

Öffentlich anschaffen durften sie nur noch von 20 bis 6 Uhr beim Hans-Albers-Platz und auf dem Fischmarkt. Für den Unternehmer Willi Bartels übrigens eine lukrative Senatsverordnung. Er ließ zwei „Mädchenwohnheime" auf der Reeperbahn errichten – das Eros Center und das Palais d'Amour. Aber wer will schon kasernierte Schichtarbeit als freiheitsliebende Frau?

Heute geht es entlang der Großen Elbstraße sauber und übersichtlich zu. Statt der Damen am Straßenrand schaffen Angestellte in schick eingerichteten Bürohochhäusern an. Nur Christine wartet abends in ihrem dunkelblauen Kadett noch auf ambulante Kundschaft. Um die Weihnachtszeit leuchtet ein kleiner Plastiktannenbaum durch die Frontscheibe ihres Arbeitsplatzes.

Ich parkte unseren Wagen vor der Hausnummer 143 – einem düsteren Backsteingebäude. Durch einen schummrigen Gang stiegen wir 29 Stufen

KUNDENFANG AUF HOHEN HACKEN
1981 auf der Großen Elbstraße.

[1] Block Bräu, Braugemeinschaft an der TU Harburg, Gröningers Braukeller, O'Learys, Joh. Albrecht Brauerei, Kreativbrauerei Kehrwieder, Pauls Spezialitätenbrauerei, Ratsherren, Holsten-Brauerei

hoch – meine Frau zählte sie laut mit. „Welcher Gast", fragte sie, „will vor dem Essen bergsteigen?" Im Lokal waren bei unserem ersten Besuch nur drei Tische belegt. Die Kellner standen gähnend im Hintergrund – eine Atmosphäre wie in einer HO-Gaststätte der DDR. Die Rückfahrt verlief ziemlich schweigsam. Mir war klar, was kommen würde. Christa hatte in allem recht, was sie gegen das Projekt vorbrachte: hier ein heruntergekommenes Lokal in einer anrüchigen Gegend, dort eine bestens bezahlte Tätigkeit als Geschäftsführer eines boomenden Hotels und von zwei Restaurants. „Warum willst du das aufs Spiel setzen?" Mir fehlte jedes Gegenargument. Aber ich hatte innerlich mit Kaltenkirchen abgeschlossen. Ich brauchte eine neue Herausforderung. Der Gedanke, ich müsste in Kaltenkirchen so weiterleben, machte mich mutlos.

Es war eine Pattsituation: Sie wollte Sicherheit, ich wollte Veränderung. Beide wollten wir das um jeden Preis, auch um den Preis unserer Ehe. Was sie beim Anblick des Fischmarktes als ärmlich und ordinär empfand, kurbelte meine Phantasie an. Alles, was ich dort sah, war mir neu, alles fand ich spannend und machte mich neugierig auf ein neues Leben an diesem lebendigen Ort. Einem Ort, das ahnte ich, der sich in Kürze völlig verändern würde.

Diese Diskussion hatte bereits vor Jahren begonnen. Hamburg wollte weltstädtischer werde. Aus der Elbmeile zwischen Breite Straße und Rosengarten sollte so etwas entstehen wie die „Docklands" in London oder – seht mal, was die in San Francisco aus dem heruntergekommenen Gelände „Fisherman's Wharf" gemacht haben – eine Attraktion für Touristen aus aller Welt!

Ganz so bahnbrechend ist es nicht geworden, aber immerhin. Als das alte Kühlhaus in Oevelgönne zum „Augustinum" umgebaut wurde, einem Alterssitz für wohlhabende Pensionäre, war klar: Die Große Elbstraße wird trendig. Heute ist sie eine Rennstrecke für Schaulustige und Feinschmecker. Auf den gut zwei Kilometern liegen gut hundert gastronomische Betriebe unterschiedlichster Qualität, einige mit Blick auf Riesenpötte im Schlepp der Lotsenboote, auf Fähren und Segelschiffe. Von der architektonischen Perlenkette am Elbrand wird gern geredet. Verlage, Agenturen, Reedereien haben sich hier angesiedelt. Eigentumswohnungen kosten fast so viel wie in Harvestehude, Hamburgs feinstem Stadtviertel. Nicht alles ist städtebaulich gelungen. Und Gott sei Dank ist die Patina der alten Großen Elbstraße noch nicht völlig wegpoliert. Das macht den Charme dieser Gegend aus. Und sie ist immer noch Hamburgs Fischmeile.

FRISCH VOM KUTTER Als ich 1981 in die Große Elbstraße kam, wurde noch vom Kutter aus Fisch verkauft.

Als ich hier vor Anker ging, landeten unterhalb des Restaurants noch die 20 Elbkutter der Erzeugergenossenschaft ihre Fänge an. Etwas weiter, wo heute das schiffartige Dockland Office Building aus dem Wasser ragt, lagen Hochsee-Trawler der Firma Pickenpack, gut hundert Meter lange Fabrikschiffe, die nördlich der Shetlandinseln, im Seegebiet um Irland und vor Island oder Norwegen fischten. Das war immer ein großes Hallo, wenn die Mannschaft von Bord kletterte und ihre Ehefrauen oder Freundinnen begrüßte.

FISCHMARKT Seit 1703 wird auf dem Platz, an dem heute die restaurierte Fischaktionshalle steht, jede Art von Waren angeboten. Alles, was ein Mensch brauchen kann oder gern loswerden möchte, findet hier seinen Käufer oder Verkäufer. ▶

BITTE WEITERLESEN AUF SEITE 54 ▶

Stuttgarter Hofbräu
STOP
RZ-RX

EHER INDUSTRIE-BRACHE ALS FEINE WOHN-GEGEND

Mit der Elbchaussee hatte die Große Elbstraße nur die Ähnlichkeit des Namens und die Nachbarschaft gemein. Anfang der 80er Jahre gab es am Elbrand noch kein Frischeparadies, keine exquisiten Geschäfte, keine schicken Restaurants und keine teuren Büros. Hier ging man hin, um Fisch zu kaufen oder am Sonntag Bananen und lebendes Getier. Wo einst Schaumstoff-Lübke Preiswertes an Studenten verhökerte, lockt heute das feine Stilwerk die Kunden aus den Elbvororten. Die meisten Bewohner waren damals solidarisch mit den Besetzern der Hafenrandhäuser. Fischhändler, kleine Handwerksbetriebe, Nutten und Möwen hatten hier ihr Auskommen.

J.P. LANGE SÖHNE
Elblagerhaus
Wilh. Hauschildt

HOLZ-BLANK

P
nur

WOLF-DIETER KLUNKER, 31 Jahre lang Chef de Cuisine und rechte Hand von Rüdiger Kowalke, heute im Ruhestand.

WIR HABEN SCHON 1969 IM HAMBURGER FLUGHAFEN-RESTAURANT ZUSAMMENGEARBEITET. Er war für Gemüse zuständig, ich der Mann für Saucen und Vorspeisen. Später stieg er zum Souschef auf. 1980 zog ich mit ihm ins Fischereihafen Restaurant. Wir haben mit 12 Personen in Küche und Service angefangen, jetzt sind es allein in der Küche 28. Keine Frage: Er war der Chef, aber wir blieben immer Freunde. Nie musste ich um Gehaltserhöhung bitten. Die kam von alleine. Er blieb kollegial trotz seines Erfolgs. Angestellte, die in finanzielle Schwierigkeiten gerieten, hat er stets unterstützt. Rüdiger ist ein rastloser Mensch. Alles muss makellos sein. Dieses ständige Streben nach Vollkommenheit muss man akzeptieren oder gehen. Natürlich haben wir uns auch mal gestritten – über Arbeitsmethoden, über Rezepte, – solche Sachen. Manchmal konnte ich ihn überzeugen, manchmal er mich für ein Rezept gewinnen. Paprika allerdings, die kann er nicht leiden. Die kam in keiner Zubereitungsart auf die Karte.
Als wir hier anfingen, gab es in bürgerlichen Restaurants Fisch nur freitags – gekocht oder in Panade gebraten, dazu Kartoffelsalat oder Salzkartoffeln. Das war's. Was alles möglich ist, haben wir immer bei einem Glas Rotwein ausgetüftelt. Darunter Rezepte, die toll aussahen, aber überhaupt nicht ankamen: Weißes Steinbuttfilet auf violett glänzendem Rotkohl zum Beispiel oder Wachtel gefüllt mit Jakobsmuscheln oder Kalbsbries mit Gamba. Habe ich alles gemacht. Lief aber nicht!
Essen unterliegt ja auch der Mode. Eines Tages kam Rüdiger mit dem Vorschlag, rohen Fisch auf kalte, essiggesäuerte Reisbällchen zu setzen. Sushi, sagte er, kommt aus Japan, ist der Trend. Ich war strikt dagegen. Das würde sich in Hamburg nie durchsetzen. Heute ist Sushi im wahrsten Sinne des Wortes in aller Munde.

Mit Kabeljau, Scholle, Seelachs, Makrele und Hering verdienten die Fischer gutes Geld. Neben der Heuer gab es für die Deckmänner, Schiffstechniker, Steuermänner – und vor allem für die Kapitäne – nicht selten fette Fangprämien. Geld, das lose in der Tasche lag. Das war goldener Boden – das wusste ich. Ich beobachtete das bunte Treiben, da wollte ich dabei sein. Die neue Aufgabe war wie geschaffen für mich, das fühlte ich. Nur – die hatte ich noch gar nicht. Es gab über hundert Bewerber. Und mein erster Kontakt mit der Hamburger Fischmarkt GmbH & Co KG deutete nicht auf einen erfolgreichen Abschluss des Pachtvertrages hin.

Ich bin ein höflicher Mensch, und dazu gehört für mich Pünktlichkeit. Um 10 Uhr sollte das Bewerbungsgespräch im Büro der Hamburger Fischmarkt GmbH stattfinden. Elf Minuten nach zehn stand ich atemlos vor der Tür der Gesellschaft. Auf der Autobahn Kaltenkirchen–Hamburg war ich in einen Stau geraten. „Tut uns leid", hieß es kühl, „Sie sind zu spät. Sie können Ihr Konzept ja schriftlich einreichen."

Eine Woche nachdem ich meine Bewerbungsunterlagen eingereicht hatte, erschien eine dreiköpfige Abordnung der Hamburger Fischmarkt GmbH in Kaltenkirchen. Sie guckte sich alles an, befragte Angestellte und Geschäftspartner, ließ sich von meinen Aktionen berichten – von den Matjestagen und Hawaii-Nächten –, diskutierte mit mir meinen Geschäftsplan, wollte eine Analyse, warum das jetzige Sellmer wie ein leckgeschlagenes Schiff dem Untergang entgegensegelte. Zwei Wochen später hatte ich den Zuschlag.

EIN GESTRANDETES SCHIFF WIEDER FLOTTZUKRIEGEN IST OFT SCHWIERIGER, ALS EIN NEUES AUF KIEL ZU LEGEN, DAS WUSSTE ICH.

Und dieses hier war gründlich leckgeschlagen. Auf die alte Kundschaft konnte ich nicht hoffen. Wildliebhaber würden hier nicht mehr auf ihre Kosten kommen. Mein Konzept war unumstößlich. Künftig sollte es Fisch, Krusten- und Schalentiere geben, ein bis zwei Ausweichgerichte für Fleischesser, mehr nicht. Küchenchef, das war klar, würde mein alter Freund Wolf-Dieter Klunker werden. Er hatte vorher im Anglo-German Club e.V., in der weißen Villa am Harvestehuder Weg 44, gearbeitet. Dort ging es very British zu – mittags war Frauen der Zutritt verboten. Das hat sich inzwischen geändert. Wer aber konnte ihm helfen, das zuzubereiten, was uns gemeinsam vorschwebte: Zwischen traditionellen und trendigen Gerichten sollte die Küche balancieren, zwischen internationalen und regionalen. Was mit Fleisch schmeckt, überlegten wir, müsste doch auch mit Fisch Anklang finden. Warum nicht Kabeljau auf Sauerkraut?

Geräucherter Lachs auf Grünkohl wurde ein Renner. Gefüllte Wachteln mit Jakobsmuscheln haben wir kreiert oder Kalbsbries mit Garnelen. Köstlichkeiten wie nordische Bouillabaisse, Austern in Champagnersauce, Wildlachs auf geschmortem Kürbisweinkraut, Skrei-Filet im Kräutersud, Zander auf Bohnenpüree und und und schwebte uns vor. Einfache Gerichte natürlich auch. Brathering zum Beispiel. Und, ganz wichtig, Labskaus, das traditionelle Seemannsgericht zu Zeiten der Frachtsegler. Eigentlich eine simple Resteverwertung, aber richtig zubereitet sehr schmackhaft. Nämlich aus gepökelter Ochsenbrust und nicht aus Cornedbeef wie in den Touristenlokalen.

Wir hatten Rezeptideen ohne Ende, aber keine Mannschaft, weder für die Küche noch für den Service. 24 Leute musste ich vom Vorbesitzer übernehmen, die meisten lahme Enten. Armin Scherrer vom sterngekrönten Haus an der Elbchaussee half mir schließlich aus der Patsche. Er hatte eine Liste von jungen Bewerbern, die auf seiner Warteliste standen. Ich suchte mir die Besten raus. Heute sorgt ein Team von 60 Angestellten für das Wohl der Gäste, davon allein eine Crew von 26 in der Küche.

Die Übernahme war im Januar 1981. Wir hatten schon während der Renovierung Kostgänger – wenn zehn kamen, verbuchte ich es als guten Tag. Aber der Umbau zog sich hin. Noch war nichts so, wie ich es mir vorstellte. Küche und Service liefen nicht rund – nur die Miete lief … Vielleicht hätte ich den Neuanfang nicht gewagt, wenn mir bewusst gewesen wäre, was da alles zusätzlich auf mich zukam. Es begann mit einer Abfindung von 75 000 DM für Ware und Inventar, die ich nicht hatte. Mein Haus in Kaltenkirchen stand erst seit ein paar Monaten. Das Bankkonto war leer. Schließlich sprangen meine Lieferanten ein, und auch die Hausbank ließ sich nach einigen Bedenktagen erweichen. Keiner meiner Geldgeber musste es bereuen.

Aus meiner heutigen Sicht: Ich bin da ziemlich vertrauensselig, ja naiv, rangegangen. Naivität kann aber auch eine Menge Kreativität freisetzen. Die offizielle Eröffnung unter dem Namen „Fischereihafen Restaurant Hamburg“ fand am 2. und 3. März 1981 statt. 6000 Briefe hatte ich an hafen- und schifffahrtbezogene Firmen verschickt, dazu Freunde und Prominente eingeladen. Es war ein rauschendes Fest. Das „Hamburger Abendblatt“ titelte am nächsten Tag: „Ein neuer Stern am Hamburger Fischmarkt“. Worauf sich das „neu“ bezog, war allerdings nicht ganz klar.

Am Fischmarkt gab es in den frühen 80ern kein einziges Restaurant von erwähnenswerter Qualität. „Für das gute Essen herzlichen Dank.“ Diese schlichte Anerkennung von einem mir Unbekannten war der erste Eintrag im Gästebuch Nr. 1. Inzwischen stapeln sich im Büro sechs dicke Wälzer, gespickt mit originellen Sprüchen, witzigen Gedichten, frechen Zeichnungen

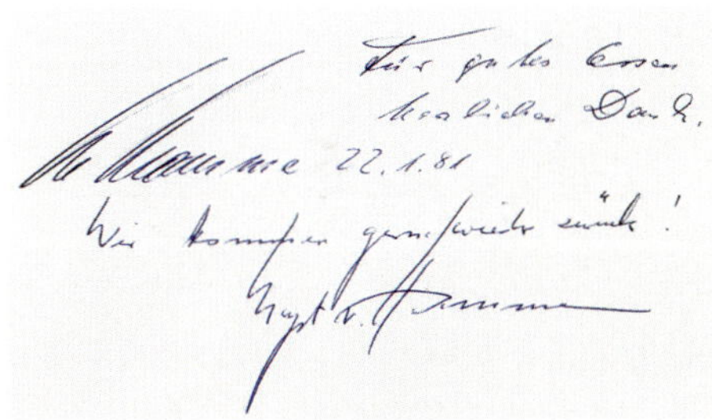

DER ERSTE EINTRAG IM GÄSTEBUCH NR. 1 Inzwischen stapeln sich im Büro sechs dicke Wälzer. Ein Who 's Who internationaler Prominenz mit Fotos, originellen Sprüchen, witzigen Gedichten, frechen Zeichnungen.

„EIN NEUER STERN AM HAMBURGER FISCHMARKT.“

PANKOKEN-KAPELLE BEI DER ERÖFFNUNG ANFANG MÄRZ 1981

La conclusion s'impose
c'est un excellent
Restaurant
Tres Bons produits
Tres Bon chef
= Merveilleuse Cuisine
Bravo
Paul Bocuse
30 octobre 1987

und Fotos prominenter Zeitgenossen. Die ersten Schritte waren getan, ich ging den richtigen Weg. Das Ziel lag aber noch in weiter Ferne. Als Gastroprofi und Sportfan wusste ich: Ein gelungener Start ist wichtig, aber nur, wer beständig in Bewegung bleibt, kommt erfolgreich ans Ziel. Ich hatte zu oft erlebt, wie Kollegen mit großem Bohei Eröffnungen feierten und ihnen nach einiger Zeit die Puste ausging. Gutgehende Gastronomie beinhaltet einen langen Lauf. Die Erwartung der Gäste will täglich erfüllt sein, wenn möglich übertroffen werden. Es ist wie im Theater – das Stück muss dem Geschmack der Besucher entsprechen, die Inszenierung stimmig sein. Bevor der erste Gast den Raum betritt, sollte die Aufführung – lange geprobt – stehen. Jeder erfolgreiche Gastronom inszeniert seine eigenen Vorstellungen und bietet eine persönliche Art des Erlebnisses. Immer aber sollte der Zusammenklang zwischen Angebot, Auswahl der Produkte, Zubereitung, Dekoration, Begrüßung und Service stimmig sein. Jeder der Akteure hat seinen Part und muss seiner Rolle gerecht werden. Die Funktionen sind unterschiedlich, die Bezahlung auch, die Charaktere sowieso. Die einen agieren auf der Bühne, das heißt im Restaurant vor den Zuschauern, die anderen hinter der Bühne, in der Küche. Aber alle sind gleich wichtig und sollen ein harmonisches Ganzes bilden.

Das muss geübt werden wie bei jedem Schauspiel. Erfolgreich sind die Auftritte nur durch ein perfektes Zusammenspiel aller Figuren – eben wie beim Theater. Ich gebe den Intendanten und Regisseur des Spektakels, bin Grüßaugust und Stichwortgeber. Wenn man zu Menschen freundlich ist, gucken sie leichter über kleine Unzulänglichkeiten hinweg. Was dem Gast auf keinen Fall aufstoßen darf, sind Schludrigkeiten in der Küche oder beim Service. Wenn der erste Gast erscheint und damit der Vorhang aufgeht, muss jeder seine Rolle kennen und jeder sich auf den anderen verlassen können.

FREUNDE UND GÄSTE Walter und Barbara Scheel, die stets bei mir einkehren, wenn sie in Hamburg sind.

Sich einen guten Ruf zu erwerben kostet Kraft. Ihn zu verteidigen noch mehr. An 361 Tagen dirigierte ich 14 Stunden den Laden, vier Tage in diesem ersten Jahr erlaubte ich mir, nicht vor Ort zu sein – mit Grippe lag ich im Bett. Dieses Arbeitspensum hatte seinen Preis. Ich wog nur noch 56 Kilo bei meiner Größe von ein Meter sechsundsiebzig. Und meine Ehe war am Ende. Die Schuldfrage ist immer schwierig zu klären. Beide hatten wir, je nach Sichtweise, recht und unrecht. Den Sprung in die Selbständigkeit hätte meine Frau mittragen müssen, war mein Argument. Nicht unbedingt vor Ort, aber anteilnehmend an Ideen, Erfolgen und Niederlagen. Einfach da sein für Lob und Trost. Meine Frau argumentierte dagegen, sie habe sich völlig allein gelassen gefühlt. Ich hätte sie nicht mehr wahrgenommen. Das stimmt: Um 8 Uhr verließ ich Kaltenkirchen, nachts kehrte ich zurück und sank todmüde ins Bett. Ein Jahr nach der Eröffnung war die Scheidung auch amtlich besiegelt. Für unseren Sohn Dirk, damals elf Jahre alt, eine schwere Zeit.

Privater Konkurs, geschäftlicher Erfolg: Bereits nach einem knappen Jahr hatte das Fischereihafen Restaurant ein treues Stammpublikum, war weit über Hamburg hinaus bekannt und immer öfter Ziel prominenter Gäste.

◀ LOB VON PAUL BOCUSE, dem Meister aller Kochmeister.

Mein Freund Heinz Schlünkes rettete mich aus diesem Mischmasch der Empfindungen. Bei der Eröffnung hatte er scherzhaft gesagt: „Wenn du in einem Jahr nicht pleite bist, wünsche ich mir von dir eine gemeinsame Reise nach meiner Zielvorstellung. Schließlich stammt ja der Tipp von mir." Ja, ja, alles klar, hatte ich gesagt und das Gespräch vergessen. Heinz nicht. Nach dem abgelaufenen Jahr rief er an: Auf nach Neuseeland. Ich fiel aus allen Wolken. Aber ein Versprechen muss man einlösen. Wir flogen Holzklasse, logierten in preisgünstigen Hotels und hatten einen Heidenspaß. Kein familienbedingtes schlechtes Gewissen, kein geschäftlicher Stress, kein sorgenvoller Blick aufs Konto. Drei Wochen im Hier und Jetzt. Na ja, irgendwann wird auch das langweilig. Und uns zwei Arbeitstiere zog es wieder heim in unsere geliebte Fron.

ZWEI EREIGNISSE HABEN DEN ERFOLG DES FISCHEREIHAFEN RESTAURANTS FESTGESCHRIEBEN,

lokal und dann sogar international. Das erste Datum betrifft den 13. Dezember 1981, ein knappes Jahr nach der Eröffnung. Kurz vor Mitternacht fuhren ein halbes Dutzend schwarzer Limousinen und zwei Reisebusse vor. Was für ein festlicher Aufzug: 120 Herren im Frack und einige Damen in Abendgarderobe stiegen die steile Treppe zu meinem Restaurant hinauf. Leonard Bernstein mit den Wiener Symphonikern plus Ehrengäste kamen zum mitternächtlichen Dinner. Natürlich war ich vorgewarnt worden. Ein 35 Jahre alter Malt Whisky, den er gern als Aperitif trank, stand für den Künstler bereit, und ein Gastgeschenk hatte ich auch in der Hinterhand: die „Preußen" als Buddelschiff. Mit ihren fünf Masten und 30 Rahsegeln sah sie selbst in Miniatur noch imposant aus. Sie war 1902 von der Reederei F. Laeisz auf große Fahrt geschickt worden, und die Musiker kamen gerade von ihrem Auftritt aus der Hamburger Musikhalle, heute Laeisz-Halle.

„Lenny", der geniale Dirigent, Komponist und Pianist, der anspruchsvolle Sinfonien geschrieben hat und wunderbare leichtfüßige Musicals wie „West Side Story" – er war einer der liebenswürdigsten Menschen, die mir je begegnet sind. Seine unbändige Lebensfreude ließ keinen kalt. Er flirtete mit Frauen wie Männern. Die ganze Welt schien er zu umarmen. Ständig umlagerten ihn

ALLE AUFMERKSAMKEIT GALT IHM, ▶ dem großen Musiker. Leonard Bernstein kam mit den Wiener Symphonikern plus Ehrengästen zu einem mitternächtlichen Dinner. Rechts neben ihm Klaus von Dohnanyi, seit Juni 81 neuer Hamburger Bürgermeister. Kurze Zeit später kehrte ein anderer Star der klassischen Musik ein – Sir Georg Solti beim Eintrag in das Gästebuch.

Fotografen, Journalisten, Bewunderer. Gegen ihn erschien mir Herbert von Karajan immer als das genaue Gegenteil. Der ließ schon bei der Anmeldung durch die Rezeption des Hotels „Vier Jahreszeiten" mitteilen: Falls irgendwelche Pressemenschen oder Autogrammjäger auftauchten, werde er sofort das Lokal verlassen. Bernstein dagegen genoss es, im Mittelpunkt zu stehen. Er konnte gar nicht genug davon bekommen. Wie die meisten Künstler liebte er Menschen, die ihn vorbehaltlos bewunderten und das auch zeigten.

Das zweite Datum war der 7. November 1993. In einem Fernsehspot, der europaweit ausgestrahlt wurde, durfte ich für mein Restaurant Werbung machen. Dazu erschienen ganzseitige Anzeigen mit einer Illustration von mir im „Spiegel", „Stern" und „Focus". Eine grandiose Promotion. Kostete mich alles keinen Cent.

Bei einem Golfturnier in Frankfurt hatte mir Jürgen Aumüller, damals American-Express-Präsident, erzählt, seine PR-Leute suchten europaweit ungewöhnliche Locations für eine Werbekampagne, in der die Amex-Botschaft untermalt wird. Die lautete etwa so: „Wer viel von Geld versteht, hat wenig bei sich: Der Kenner isst in den feinsten Restaurants, wohnt in den besten Hotels und bezahlt mit seiner Unterschrift, mit seinem guten Namen." Da konnte ihm geholfen werden: Ich schilderte, wie es im Umfeld des Fischereihafen Restaurants aussieht: eine dunkle Meile, schröppige Flachbauten, Hafenambiente, eine Kompanie leichtbekleideter Mädchen winkend am Straßenrand – und dann, am Ende der Kamerafahrt, ein elegantes Restaurant mit Blick auf den glitzernden Strom. Das wäre doch was?!

Ein paar Monate später: Monsterlaster mit Equipment vor der Tür, ein US-Team von Producer, Script Supervisor, Location Manager, Art Director, Set Designer, Director of Photography, Sound Mixer und und und ... stehen diskutierend unserem Servicepersonal im Weg. Sah aus, als sollte der zweite Teil von „Vom Winde verweht" gedreht werden. Drei Tage Hektik, dann Klappe, finish, der TV- und Kinospot war im Kasten: zwei Filme à 30 und ein Streifen à 60 Sekunden. Danach – Tischbestellungen aus allen Winkeln Europas, selbst aus den USA und Japan. Wir konnten die Reservierungswünsche kaum bewältigen. Die halbe Welt schien diesen Werbespot gesehen zu haben. Mir war's recht. Gut 400 Gäste hatten Küche und Service von nun an jeden Tag zu bewirten. Eine Zahl, die sich bis heute in etwa gehalten hat.

Zwischen diesen beiden Erfolgsdaten gab es noch ein drittes Ereignis, das uns bekannt machte: die erste Kochsendung im deutschen Fernsehen. Sie startete im Januar 1987 im ZDF unter dem Titel „ Essen wie Gott in Deutschland". Über ein Jahr lang verrieten jeden Sonntag zur besten Sendezeit Sterneköche wie Eckart Witzigmann, Josef Viehhauser oder Vincent Klink ihre Rezepte. Moderation Petra Schürmann. Wir waren das einzige Restaurant ohne Michelin-Auszeichnung, das dort aufkochen durfte.

Warum der eine Gastronom Erfolg hat und der andere nicht, ist schwer zu sagen. Für mich gab es immer vier Punkte, die ich unbedingt erfüllen wollte

„ESSEN WIE GOTT IN DEUTSCHLAND" Rüdiger Kowalke im Gespräch mit Wolf-Dieter Klunker und der langjährigen Tagesschau-Sprecherin Dagmar Berghoff während der Dreharbeiten zur ZDF-Serie.

◀ WELTWEITE WERBUNG Die Illustration wurde im November 1993 in ganzseitigen Anzeigen im „Spiegel", „Stern" und „Focus" als Werbung für American Express geschaltet – eine gute Werbung für das Fischereihafen Restaurant, die mich keinen Cent kostete.

POMMERY

ESSEN
DEUTSCHLAND

VIEL FREUND, VIEL EHR Auszeichnung durch Roger Verge, Gaston Lenôtre, Paul Bocuse – in Kochtracht von links.
Unten: Gruppenbild mit Helmut und Hannelore Kohl und den besten deutschen Küchenchefs beim Kanzlerfest.
Rechts: internationales Treffen der „Jurade de Saint-Émilion" in Bordeaux vor der gotischen Kathedrale Saint-André, einem Sakralbau aus dem 13. Jahrhundert.

KLEINER NEBENVERDIENST Weine und Spirituosen unter dem Label „Fischereihafen Restaurant" wurden eine Zeitlang bei der Metro und anderen großen Einkaufzentren angeboten.

und die vielleicht den Aufstieg mitbestimmen: ehrliche Qualität; persönliche Präsenz; eine fröhliche familiäre Atmosphäre; gesundes Preisleistungs-Verhältnis. Alle vier Punkte müssen jeden Tag erfüllt werden – jeden Tag im Jahr.

Natürlich funktioniert dieses Rezept nicht bei jedem. Ich kenne Gastronomen, die einen tollen Job machten und trotzdem in Konkurs gingen. Und ich kenne Läden, die ein miserables Essen auf den Tisch knallen und trotzdem guten Umsatz machen. Warum schreibt der eine Schriftsteller einen Bestseller und der andere mit besserem Sprachgefühl einen Flop?

Eins allerdings ist wichtig, das habe auch ich leidvoll erfahren. Man darf nicht auf mehreren Hochzeiten gleichzeitig tanzen. Weil der eine Laden prima läuft, warum dann nicht eine ganze Kette? Ich hatte in Berlin, in der Speicherstadt und an den Landungsbrücken Lokale aufgebaut und war froh, als ich sie wieder los war.

2008 bin ich allerdings rückfällig geworden – ein Quartalsrückfall. Thomas Collien und Ulrich Waller, die das St. Pauli Theater so erfolgreich führen, planten das Hansa-Theater am Steindamm in St. Georg wieder zum Leben zu erwecken – dieses wunderbare Varietétheater: 1893 gegründet, bei der Operation Gomorrha 1943 im Bombenhagel zerstört und Mitte der 50er Jahre wiederaufgebaut. Auf seiner Bühne standen Josephine Baker, Hans Albers, Grock, der Clown, Artisten wie der Entfesselungskünstler Houdini oder der Jongleur Rastelli und nach dem Krieg Caterina Valente, Conny Froboess, der Clown Charlie Rivel, 1964 reisten Siegfried und Roy, die mit den weißen Tigern, von Las Vegas an.

Mit dem Werbeslogan „Nie im Fernsehen" hatte es das Haus als einzige deutschsprachige Varietébühne geschafft, bis Dezember 2001 ohne Subventionen der TV-Konkurrenz zu trotzen. Dann fiel der Vorhang. Bei der Wiedergeburt mitzuhelfen und für das leibliche Wohl künftiger Gäste zu sorgen – welch eine Ehre. Da konnte ich nicht nein sagen. Als ich bei der ersten Besichtigung 2008 den Saal mit seinen 500 Besucherplätzen, der großen Showbühne betrat, war ich platt. Alles war so, wie ich es einst als junger Besucher noch erinnerte – ein Museumsraum aus den 50ern, über die Jahre liebevoll gepflegt und instand gehalten. Allein die Einrichtung ist den Eintrittpreis wert. (Den Damen und Herren rate ich, auf jeden Fall einmal die jeweiligen Toilettenräume zu besuchen!) Natürlich habe ich zugesagt. Der Erfolg hat uns alle drei überrascht: 90 Prozentige Auslastung in den ersten fünf Spielzeiten – immer von Mitte Oktober bis Ende Februar.

IM BUNDE DER DRITTE Thomas Collien und Ulrich Waller erweckten das legendäre Hansa-Theater am Steindamm zu neuem Leben. Ich bin dort seither für das leibliche Wohl der Besucher verantwortlich.

EIN GUTER GASTGEBER MUSS AUCH UNTERNEHMER SEIN.

JEDER GAST wird begrüßt und auch mal vom Chef persönlich bedient.

Die emotionale Bindung zwischen Gast und Wirt ist eine meiner wichtigsten Geschäftsphilosophien. Es gibt viele Theorien darüber, wie das Erfolgsrezept für einen gastronomischen Betrieb auszusehen hat. Marketing-Profis argumentieren: Ein Restaurant muss wie jede beliebige Marke geführt werden – wie BMW oder meinetwegen Boss – egal was. Die gefühlsmäßige Bindung des Kunden sollte in der Gastronomie so wichtig sein wie bei jedem anderen bekannten Markenartikel – vielleicht sogar stärker ins Gewicht fallen.

Das kann ich unterschreiben. Bei der Marke „Fischereihafen Restaurant" dreht sich alles um die Gäste. An ihnen orientieren wir uns. Sie betreten unser Haus, und alles, was sie sehen, riechen, hören, fühlen, muss für das Label „Fischereihafen Restaurant" stehen. Kleine Fehler passieren natürlich – täglich. Wir sind ja kein automatisierter Fertigungsbetrieb. Aber der Gast wird das verzeihen, solange er freundlich und zugewandt betreut wird.

Auf Familie und Mitarbeiter muss man sich verlassen können. Das bedeutet im innerbetrieblichen Verhältnis, Kellner, Köche und alle, die hier arbeiten, sind eine eingeschworene Mannschaft, und jeder muss Spaß an der Arbeit mitbringen. Wer mit schlechter Laune kommt, gibt sie mit dem Mantel an der Garderobe ab. Das betrifft mich wie alle anderen. Alle wichtigen Posten besetzen bei uns Mitarbeiter, die schon viele Jahre bei uns arbeiten. Das betrifft die Putzfrau genauso wie den Oberkellner.

Beste Ware, professionelle Zubereitung, vertrauenswürdiger Service. Unser Service beginnt schon vor der Haustür. Ein Souvenir, das ich von einem USA-Besuch mitgebracht habe. Eine tolle Sache: Man kommt an, drückt den Autoschlüssel einem Wagenmeister in die Hand und spaziert sorgenfrei ins Lokal. Anfangs war das von mir als PR-Gag gedacht. Parkmöglichkeiten gab es zu der Zeit in der Großen Elbstraße genug. Gestohlen oder eingebrochen wurde sowieso nicht. Meine beiden Wagenmeister sind aber längst keine Staffage mehr. Heute stehen mittags und abends die Limousinen in Dreierreihen vor dem Lokal, und jeder Gast ist froh, dass er einem netten jungen Mann sein Auto anvertrauen kann.

Eine andere Idee, die sich ebenfalls schnell bezahlt machte, führten mein Sohn Dirk und ich ein. Sie war dem Finanzamt geschuldet. Der fiskalische Erlass, dass Betriebsessen künftig nicht mehr steuerlich absetzbar waren, traf die Gastronomie hart. Die Umsätze gingen von einem Tag auf den anderen rapide zurück. Wir offerierten daraufhin einen Mittagstisch mit Hauptgerichten so um die zwölf Mark. Ein „besseres" Restaurant öffnete damals nur abends. Mittags sättigte sich die arbeitende Bevölkerung im Schnellimbiss

GRUPPENBILD MIT DAME Benny, Dirk und Rüdiger Kowalke mit Ehefrau Susanne ▶

KLASSIKER
DER DEUTSCHEN KÜCHE

GESCHMORTE RINDERROULADEN MIT SPECK UND ZWIEBELN

Für 4 Personen

ZUTATEN: 4 Scheiben Rouladenfleisch je 180–200 g, 80 g Zwiebeln, 4 Gewürzgurken, 80 g durchwachsener Speck, Salz, Pfeffer, mittelscharfer Senf

ZUBEREITUNG: Das Rouladenfleisch leicht plattieren und mit Salz und Pfeffer beidseitig würzen. Die Rouladen auf der Innenseite mit Senf einstreichen und dann mit Zwiebeln, Gurke und Speck belegen. Die Rouladen zusammenrollen und mit Bratenschnur einbinden.

ZUTATEN: 2 EL Öl, 100 g Zwiebeln kleingeschnitten, 60 g Karotten geschält walnussgroß, 100 g Sellerie geschält walnussgroß, 1 EL Tomatenmark, 200 ml Rotwein, 1 L Kalbsfond, 5 Pfefferkörner, 1 Lorbeerblatt, 2 Wacholderbeeren

ZUBEREITUNG: Die Rinderrouladen in einem Bräter von allen Seiten in Öl kräftig anbraten. Die Rouladen aus dem Bräter nehmen und darin das kleingeschnittene Wurzelgemüse mit dem Tomatenmark anbraten. Den Bratensatz mit Rotwein vom Topfboden ablöschen. Den Kalbsfond angießen und Gewürze dazugeben. Die Rouladen ca. 1,5–2 Std. langsam schmoren, dabei den Fond immer wieder abschäumen. Wenn das Fleisch weich ist, aus dem Fond nehmen und die Sauce mit dem Gemüse durch ein Sieb streichen. Eventuell noch etwas einkochen oder abbinden. Die Sauce mit gehackten Kräutern aromatisieren.

Als Beilage: Kartoffelpüree, Kartoffelklöße, Rotkraut oder grüne Bohnen

oder brachte Stullen von zu Hause mit. Kantinen leisteten sich damals nur wenige Firmen.

„Kowalke macht jetzt auch noch auf Stammessen", lästerten einige Kollegen. Und natürlich wurde diese geschäftliche „Schnapsidee" vor allem Dirk angekreidet, der gerade die Geschäftsleitung übernommen hatte. „Der braucht doch eine zweite Schicht in Küche und Service, wie soll das denn gehen, bei den heutigen Personalkosten? Halt ein unerfahrener Geschäftsmann", hieß es.

Es lief vom ersten Tag an. Hungrige Mittagsgäste kamen in Scharen und fingen die zusätzlichen Ausgaben auf. Einige besuchten uns später auch abends, brachten Freunde und Partner mit. Heute bietet fast jedes Restaurant preiswerte Gerichte zwischen 12 und 15 Uhr an.

Wir haben noch eins draufgesetzt. Schon aus Trotz. Von wegen Kantinenessen! Wir schufen den Manager-Lunch, für jeden Wochentag ein unterschiedliches Zwei-Gänge-Menü für 35 Mark. Preislich nichts für jedermann, kulinarisch aber von hoher Qualität: Graved Lachs mit Senf-Dill-Sauce als Vorspeise und Cordon Bleu von Heilbutt und Lachs mit buntem Kartoffelsalat als Hauptgang zum Beispiel, oder Matjestartar auf geröstetem Vollkornbrot und anschließend Frikassee von Edelfischen auf Gemüsenudeln. Da kann man doch nicht meckern. Das fand im Übrigen auch die „Wirtschaftswoche". Sie wählte uns zum besten Business-Lokal der Stadt.

Neue Ideen umsetzen und die Marke bekannt machen ist marktstrategisch sicher richtig und spiegelt die erfolgsorientierte Sichtweise des Unternehmens. Meinen Spaß am Beruf des Gastronomen spiegeln sie allerdings nicht unbedingt wider. Diese Freude am Beruf wird jeden Mittag, jeden Abend neu entfacht, wenn ich in den rot pigmentierten Saal mit den großen Seestücken an den Wänden gucke, die Kellnerinnen und Kellner in ihren Schürzen und Spencerjacken beobachte, wie sie die silbernen Cloches zu den weiß gedeckten Tischen tragen. Und dann mein Blick auf die Gäste fällt, wie sie gemeinsam essen, lachen, miteinander diskutieren, meinetwegen auch mal streiten. Diese pralle Lebensfreude wird mir täglich serviert. Bei welchem Beruf kann man das erleben?

Es gibt Leute, die erst im Alter ihren nie gelebten Berufstraum verwirklichen. Oft durchaus erfolgreich. Mein Freund Wolf-Dieter Klunker ist auch so einer. Im verdienten Ruhestand ist er Winzer geworden, hat sich einen Weinberg in Slowenien angeschafft, keltert heute seinen Wein. Davon hat er immer geträumt. Ich kenne Unternehmer, die wurden Fotografen, Kaufleute, die ihr Geschäft nie im Stich ließen, düsen nun, pensioniert, als Reisebegleiter durch die Welt. Eine mir bekannte Ärztin verkauft Kuchen im eigenen Café, ein Model wurde Malerin. Ich hatte solche Ambitionen nie. Gastgeber war immer mein Traumberuf.

In welchem Metier lernt man so viele interessante Leute kennen? Uwe Seeler zum Beispiel: Den ersten Kontakt hatten wir in Kaltenkirchen, als ich

DIE RAUTE IM HERZEN
HSV-Fan ist Rüdiger Kowalke seit seiner Kindheit. 1988 überreichen ihm der damalige Präsident vom HSV Uwe Seeler sowie Franz Beckenbauer, Präsident vom FC Bayern München, die Mitgliedschaft.
Unten: Festessen mit den ehemaligen HSV-Präsidenten anlässlich der 30-jährigen Partnerschaft zwischen dem HSV und dem Fischereihafen Restaurant.

SPORTLICHES SPRACHROHR Jörg Wontorra moderiert seit Jahren die Gala der „Fischereihafen Trophy".

ihm ein auf Holzkohle gegrilltes, leicht durchwachsenes Club-Steak servierte. Er besuchte mich dann öfters, und wir kamen ins Gespräch. So wurden wir – und sind es bis heute – Freunde.

Bewundert habe ich ihn schon als Teenager. Mit meinem Vater saß ich 1960 im Volksparkstadion – HSV gegen Westfalia Herne, Oberliga Endrunde. Schnoor bei uns im Tor, Dörfel und Uwe im Sturm. Wir 0:1 im Rückstand, dann dieser unglaubliche Fallrückzieher – umgerempelt, am Boden liegend. Aber sein Schuss – unhaltbar! Endstand 2:1. Oder 1961, das 5:1-Spiel gegen Dänemark: er zum ersten Mal Kapitän, ein Hattrick mit drei Kopfbällen.

HSV-Fan war ich schon immer. Ich weiß noch, 1963 habe ich Wetten abgeschlossen, dass der Hamburger Sport-Verein Deutscher Meister wird. Leider verloren, kam nur auf Platz sechs. Aber Uwe wurde Torschützenkönig in der neu gegründeten Bundesliga. Auch ein Grund zum Feiern! Und dann: Was für ein Aufstand, als Italien ihn für die unglaubliche Transfersumme von 1,2 Millionen Mark uns wegkaufen wollte. Und der Jubel, als er beschloss, in Hamburg zu bleiben. Da wurde Bollinger ausgeschenkt.

Wir verstanden uns auf Anhieb, wohl auch deshalb, weil wir beide nicht auf Rosen gebettet aufwuchsen. Uwes Vater war Hafenarbeiter. Beide haben wir unseren Weg gemacht, in völlig verschiedene Richtungen natürlich. Ich als Fußballer? Mich hätten sie bereits in der Amateurliga vom Platz gestellt. Uwe als Gastronom? Eine voraussehbare Insolvenz!

Über Fußball und Gastronomie reden wir selten. Damals warb er ziemlich unvermittelt für seine „Uwe Seeler Stiftung", die er 1996 gegründet hatte. Mit dem Geld unterstützt die Stifung Menschen, die wegen ihres körperlichen, geistigen oder seelischen Zustandes auf Hilfe angewiesen oder unverschuldet in Not geraten sind. Sein Motto ist: „Wer auf der Sonnenseite des Lebens steht, sollte die unterstützen, die auf der Schattenseite stehen." Das sprach mich sofort an. Seit 1998 unterstützen mein Sohn Dirk und ich die Stiftung mit der „Fischereihafen Trophy". Sie wird alle zwei Jahre im „Golfclub auf der Wendlohe Hamburg" ausgetragen, bei der stets gut 150 Prominente und Freunde spielen und spenden – 25 000 Euro kommen da stets zusammen, einmal sogar 55 000. Abends laden wir zu einem Galadinner ein.

Ein Paradegast fürs Fischereihafen Restaurant ist „uns Uwe" allerdings nicht. Der früher so kampfstarke Mittelstürmer zeigt sich ziemlich defensiv, wenn es um Fischgräten geht. Er isst bei mir gern Labskaus. Seezunge bestellt er nur nach langem Überreden und der Zusicherung, dass ich sie filetiere und hoch und heilig verspreche, kein Grätchen werde in seinem Hals landen.

STARTSCHUSS ZUR „FISCHEREIHAFEN TROPHY", die alle zwei Jahre im „Golfclub auf der Wendlohe Hamburg" ausgetragen wird.

EINIGE GÄSTE BEACHTET MAN MEHR ALS ANDERE.

Das hat mit Prominenz nicht unbedingt etwas zu tun. Ich werde den Tag nie vergessen: Am 22. Dezember 1991 mittags fielen mir zwei Damen am Fensterplatz im kleinen Saal auf – sehr hanseatisch, sehr gutaussehend – offensichtlich Mutter und Tochter. Natürlich war es die Tochter, die bei mir besonderen Eindruck machte: blond, groß, charmant, gepflegt, aber ohne auffälliges Make-up. Ich stellte mich vor, übernahm den Service für ihren Tisch, lud sie nach dem Lunch zu einem Glas Champagner an die Bar ein. Aus dem einen Glas wurden zwei, drei. Es gab eine Menge zu erzählen, wir hatten gemeinsame Bekannte. Es wurde viel gelacht, und ganz vorsichtig versuchte ich, mit Susanne, der Tochter, zu flirten. Als die Damen schließlich aufbrachen, nahm ich allen meinen Mut zusammen und fragte: „Was machen Sie eigentlich Silvester? Ich feiere nämlich mit Freunden in Marbella und würde Sie gern einladen." Sie lächelte und sagte dann ein wenig spöttisch: „Oh, sehr gerne, allerdings muss ich da noch meinen Mann und meinen Sohn fragen." Bums, stand ich stocknüchtern auf dem Boden der Realität! Okay, die Sache war gelaufen – aber auch nach Wochen nicht so richtig vergessen. Der Name Susanne hatte für mich einen besonderen Klang bekommen.

Ich traf sie ein halbes Jahr später zufällig auf der Treppe zu Marlies Möller, Hamburgs bekanntester Friseurin. Sie ging hoch, ich ging runter. Und als wir uns in der Mitte – treppauf, treppab – begrüßten, stand für mich schlagartig fest: „Sie ist es! Sie und keine andere. Die lass ich nie mehr los." Ihre einstigen Vorbehalte hatten sich zu meinen Gunsten verschoben: Ihren Mann brauchte sie nicht mehr zu fragen. Die Ehe war so gut wie geschieden.

Alle Tagestermine wurden gecancelt. Wir schlenderten Arm in Arm um die Ecke zu „Mario" und bestellten eine große Portion Tiramisu. Das passte! „Tiramisu" heißt ja übersetzt so viel wie, „Zieh mich hoch". Uns gegenseitig hochziehen das wollen wir beide, und zusammen sein auf alle Ewigkeit. Jetzt, sofort, sollte unsere Zeit beginnen. Sohn Benny schloss mich sofort in sein Herz, aber den endgültigen Ausschlag gab der große Cäsar, mein engster Verbündeter: Susannes Irischer Wolfshund, na ja, eher ein Wolfshund-Mix. Er adoptierte mich von der ersten Minute an, legte sich wohlig schnaufend in unserer ersten gemeinsamen Nacht auf meine Seite neben das Bett. Da war alles klar. Ich habe Cäsar das ewig gedankt.

Mein stummer Fürsprecher trottete später, als wir zusammengezogen waren, gemeinsam mit uns zur Arbeit und lag dann still und zufrieden unterm Empfangstisch des Restaurants. Die meisten Gäste glaubten, er sei ein Stofftier. In seinen letzten Jahren stand er kurz vor Mitternacht gähnend auf, trottete an die noch besetzten Tische und bellte. Er wollte nach Hause. Meistens taten wir ihm den Gefallen. Er wurde fast vierzehn Jahre alt. Für so einen gro-

„SIE UND KEINE ANDERE" Die langjährige Lebensgemeinschaft wird 1999 auf Sylt mit Ehegelöbnis und Hochzeitskuss besiegelt.

DREI, DIE SICH LIEBEN Offizielles Hochzeitsfoto vor dem Rathaus in Timmendorf mit Wolfshund-Mix Cäsar.

NACH DER FRÖHLICHEN KIRCHLICHEN ZEREMONIE IN KAMPEN stehen die Mitarbeiter vom Fischereihafen Restaurant und dem Sylter „Go-Gärtchen" Spalier für die frisch Vermählten.

STOLZER VATER, GLÜCKLICHER SOHN Heinz Kowalke gratuliert seinem Junior zum neuen Lebensabschnitt.

VIERMASTER UNTER VOLLER BESEGELUNG war die „Sea Cloud" während meines Törns mit Susanne nie. Gott sei Dank!

ßen Hund ein biblisches Alter. Franzi hat jetzt seine Stelle eingenommen, eine Mischlingshündin aus dem Tierheim. Jeden Morgen gehe ich mit ihr eine Stunde an die Elbe – das hält uns beide fit.

Als wir 1999 auf Sylt den „Bund fürs Leben" schlossen, waren wir längst ein altes Ehepaar, verbunden in gemeinsamer Arbeit, Freizeit und vor allem Zuneigung. Auf dem Hochzeitsfoto steht unsere Patchworkfamilie vor dem Rathaus in Kampen: Susanne und ich in der Mitte, rechts und links unsere Söhne Dirk und Benjamin. Fast 200 Gäste kamen zur Trauung in die Keitumer Kirche, Stammgäste und Freunde, unter anderem Altbundespräsident Walter Scheel mit Frau Barbara. Es war eine ausgelassene Zeremonie. Ein Gospelchor heizte die Stimmung an, und alle rockten in dem gesteckt vollen Gotteshaus. Pastor Traugott Gießen hielt eine Ansprache, die immer wieder von Gelächter unterbrochen wurde – „Lieber Rüdiger Kowalke, jetzt ist die Zeit des Fremdgehens endgültig vorbei."

Im Frühjahr 1997, kurz nachdem Susanne und ich zusammengezogen waren, bekam ich ein Traumangebot: mit der Concorde in 20 Tagen bei Mach 2,2 um die Welt. 80 Passagiere sollte ich kulinarisch betreuen. Natürlich aufs Feinste, schließlich war das keine Butterfahrt. Der Flug um den Globus mit sieben Stopps kostete die Gäste 80 000 Mark – pro Person. Meine erste Bedingung vor der Zusage: Nicht ohne meine Susanne! Wir einigten uns auf ein Zubrot für sie von 5000 – immerhin 75 000 Mark gespart. Für mich wurde Susanne zur unverzichtbaren Hilfe.

Der Törn, angepriesen als der absolute Jetset-Luxus, war für uns allerdings in erster Linie Knochenarbeit und Stress. Der begann schon, als wir unseren neuen Arbeitsplatz besichtigten. Diese wunderschöne, einmalige Überschallmaschine hatte zwar eine Länge von gut 60 und eine Spannweite von 25 Metern, aber in der Kombüse konnte man sich kaum umdrehen – so klein. Eine echte Herausforderung. Alles, was an Bord verzehrt wurde, musste bei Stopps in Dubai, Hawaii oder Acapulco vorbestellt werden und pünktlich bereitstehen. Das Programm versprach außerdem drei Galadiners. Das hieß für mich, frühmorgens in Sydney, Singapur und auf den Bermudas auf unbekannten Märkten mit ungewohnten Produkten das aufzutreiben, was abends serviert werden sollte. Eine abenteuerliche, oft hoffnungslose Suche.

Ein guter Koch muss improvisieren können. Nirgends Seezungen – dann eben Red Snapper. Keine Steinpilze – dann eben Shiitake. Dieser grandiose Arbeitstrip hat uns zusammengeschweißt. Als die Concorde drei Jahre später kurz nach dem Start vom Airport Paris-Charles-de-Gaulle mit 109 Menschen an Bord abstürzte, hat uns das tief getroffen.

Nicht lange nach unserer Rückkehr – mehrere Zeitungen hatten von unserem Törn berichtet – bekamen wir das nächste Angebot für einen Luxustrip: mit der „Sea Cloud" von Neapel über Korsika und Sardinien nach Mallorca. Diese Viermastbark – 1931 gebaut – gilt als die größte und schönste Privatsegelyacht der Welt, über hundert Meter lang und mit unvorstellbarem Luxus ausgestattet. Wir bekamen die Eignerkabine. Was heißt hier Kabine? Kabine klingt irgendwie klein und spartanisch. Der Raum war etwa 40 Quadratmeter groß, möbliert im Louis-XIV-Stil mit Marmor-Kamin und begehbarem Kleiderschrank, im Bad weißer Carrara-Marmor, wohin man sah, und Armaturen aus massivem Gold. Für dieses Luxus-Apartment gab ich mein Bestes. Nach dem Captain's Dinner, für das ich angeheuert worden war, bekamen Susanne und ich Standing Ovations, und der Kapitän bot mir eine Stelle auf Lebenszeit an. Leider müsse ich ablehnen, war meine Antwort, in Hamburg wartet ein Arbeitsplatz, den ich ungern aufgeben möchte.

Auf dem Törn war ich wahrscheinlich der einzige an Bord des Seglers, der einen Umstand freudig genoss: die absolute Flaute. Bei Sturm und gischtigen Wellen am Sylter Strand oder am Ufer der Elbe spazieren – am Wasser gerne, aber bitte nicht auf dem Wasser. Nur einmal wurden für Fotoaufnahmen die 30 Segel gesetzt.

IN DER ALTEN FISCHAUKTIONSHALLE
Küchenchef Klunker und ich ersteigerten kistenweise, was wir für die Küche brauchten. Ein Privileg, das ich als einziger Hamburger Gastronom hatte.

IN DEN FRÜHEN JAHREN, ALS ICH DAS ALTE „SELLMER" ÜBERNAHM UND ZUM FISCHEREIHAFEN RESTAURANT UMBAUTE,

brachten Kutter fangfrische Ware noch direkt vor die Haustür. Im Nebengebäude, in der Auktionshalle, konnten Küchenchef Klunker und ich sie kistenweise ersteigern. Ein Privileg, das ich als einziger Hamburger Gastronom hatte. Nicht mein Verdienst! Die Fischmarkt GmbH & Co KG ist ja unser Verpächter. Punkt 5 Uhr früh standen wir sommers wie winters stets ein wenig frierend in der eisgekühlten, fensterlosen Halle. Um uns herum schleppten Männer in Gummischürzen Styroporkästen randvoll mit Fisch und Krustentieren – in Eis gebettet. Der Geruch von nassem Estrichboden, Meeresgetier, Salzwasser, dazu die herumkurvenden Gabelstapler, der dröhnende Singsang des Chefauktionators Agren, der den hundert anwesenden Einzelhändlern die Ware anpries, all das gehörte damals zu meinem Tagesablauf. Und ich muss sagen, ich vermisse es ein wenig. Wir konnten zwar beide nie wirklich den aufsteigenden Zahlenreihen des Auktionators folgen. Aber wir waren mit dem Ergebnis unseres morgendlichen Ausflugs stets zufrieden – alles ordentlich kistenweise nach Gewicht, Art und Güte sortiert. Wir hatten es vorwiegend auf große, ausgewachsene Fische abgesehen. Sie bieten die besten Filetstücke und reichlich Karkassen als Grundlage für Saucen und Suppen.

ZUM ANBEISSEN Matjeswoche mit Rudi Carrell, der allerdings nur so tat, als ob. Wahrscheinlich war er der einzige Holländer, der diesen jungfräulichen, in Salzlake eingelegten Hering nicht mochte.

ANFANG JUNI IST IN HAMBURG MATJESZEIT Rüdiger und Dirk Kowalke eröffnen zusammen mit den Kollegen Heinz Wehmann und Volkmar Preis die Saison. Das Wort Matjes kommt vom niederländischen Maagdenjesharing – Mädchen- oder Jungfrauenhering.

Die ursprüngliche Altonaer Fischauktionshalle, an der ich oft vorbeifahre, war schon damals nicht mehr in Betrieb. Eine Fliegerbombe hatte sie 1943 getroffen. Aber jetzt wurde das hundert Jahre alte Gebäude endlich renoviert. Der Hamburger Senat wollte es abreißen lassen, so wie die Hamburger Auktionshalle. Wo sie einst stand, erstreckt sich heute ein öder Parkplatz. Dank einer Bürgerinitiative wurde das Altonaer Pendant renoviert und 1984 wiedereröffnet. Heute ist das römischen Markhallen nachempfundene Gebäude, eine Hamburger Attraktionen und steht unter Denkmalschutz. Statt Fisch bietet die Halle Platz für 3500 Besucher. Wie ein Fels in der Brandung steht sie im Gewusel des sonntäglichen Hamburger Fischmarkts. Wir veranstalten dort einmal im Jahr unser Matjesfestival mit rund 1200 Besuchern.

Auch die Fischhalle in meiner Nachbarschaft dient nicht mehr dem Handel. Elbaufwärts kommt seit 1988 keine Ware mehr. Die meisten deutschen Elbkutter, Schleppnetz-Trawler, Heringslogger und Flachkiel-Ewer wurden abgewrackt oder – wenn sie Glück hatten – zieren heute den Oevelgönner Museumshafen.

Heute beziehen wir die Ware zweimal täglich frei Haus von Hummer Pedersen, unserem Nachbarn schräg gegenüber.

Etwa 200 verschiedene Sorten Meeresfrüchte hat Joachim Niehusen, der Chef, im Angebot. Es gibt natürlich viel mehr – nämlich die unvorstellbare Zahl von rund 32 500 Arten. Das besagt zumindest die Datenbank fischBase. Agenten beobachten für unseren Lieferanten weltweit die Märkte, geben Fischsorten und Preise durch. Nur so kann gute und einigermaßen preiswerte Ware ersteigert werden. Die Preise schwanken stark, je nach Jahreszeit, Fangmenge und Nachfrage.

Wir verarbeiten vorwiegend Schollen, Seezunge und Zander aus Dänemark, Steinbutt, Kabeljau und Seeteufel aus Norwegen. Was bei uns in der Küche landet, darf keinen allzu weiten Weg zurückgelegt haben, schon wegen der Frachtkosten. Gut, der Thunfisch wird aus Indonesien geliefert, der Hummer aus Kanada. Immer neue, bisher unbekannte Fischarten kommen auf den Markt – nur sehr wenige Meerestiere gelten als ungenießbar. Neulich stand auf unserer Mittagskarte „gebratener Himmelsgucker auf Kürbis-Linsen-Gemüse“.

Himmelsgucker? Nie gehört! Keine Ahnung, was für ein Fisch das sein könnte. Einem befreundeten Gast, der nachfragte, musste ich die Antwort schuldig bleiben. Das war mir ziemlich peinlich. Natürlich habe ich mich gleich sachkundig gemacht. Himmelsgucker oder Sterngucker ist ein barschartiger Fisch aus dem Ostatlantik. Sehr schmackhaft. Er heißt so, weil er im Schlamm vergraben auf Beute lauernd gen Himmel blickt. Okay, jetzt können die Gäste fragen!

Hummer Petersen bezieht seine Ware vorwiegend von Tagesfischern aus allen Gewässern der Welt. Sie ist – auf Eis bei null Grad gelagert – zwei Tage

BITTE WEITERLESEN AUF SEITE 80

№ 019 RK
LS-M
2002
250
Dirk Kowalke
FISCHEREIHAFEN
RESTAURANT
HAMBURG
RÜDIGER KOWALKE

JOACHIM NIEHUSEN. Etwa 200 verschiedene Sorten Meeresfrüchte hat sein Betrieb „Hummer Pedersen" im Angebot. Zweimal täglich wird das Fischereihafen Restaurant von ihm beliefert.

RÜDIGER IST EIN HARTER HUND, ABER FAIR.

Um die Jahrtausendwende sprach er mich an. Er suchte einen neuen Händler. Ich war relativ neu im Geschäft, und ein Kunde mit diesem Potenzial kam mir gerade recht. Weit und breit gab es keinen attraktiveren Abnehmer. Er wusste das natürlich, und dementsprechend war sein Angebot – hart an der Schmerzgrenze. Bis morgen hätte ich Zeit, es mir zu überlegen, meinte er beim Abschied. Das klang mehr nach Ultimatum als nach einer geschäftlichen Offerte. Meine Nacht war ziemlich schlaflos. Am Morgen habe ich zähneknirschend unterschrieben.
Wir sind heute per Du und befreundet. Seinen geschäftlichen Umarmungen darf man sich allerdings nicht allzu leichtsinnig hingeben. Sie sind nicht nur ein Zeichen der Zuneigung. Ein bisschen Sträuben verbessert die Verhandlungsposition. Als er mir vor Jahren vorschlug: „Joachim, wir sollten mal was zusammen machen. Wie wäre es mit einem gemeinsamen Stand auf dem Food Market?", habe ich ein wenig zu schnell zugestimmt. Dieses gastronomische Großereignis findet seit 2006 immer Anfang September in der Hamburger Großmarkthalle statt. Gut 20 000 Besucher kommen zu dem Event unter dem Motto „Aus der Region für die Region". Spitzenköche aus Hamburger Restaurants kochen auf, heimische Händler bieten kulinarische Produkte an.
Das Ergebnis sah dann so aus: Ich hatte die Kosten für Stand und Werbung, er machte einen guten Schnitt mit dem Verkauf von Champagner. Wobei mir imponiert hat, wie er auf Leute zugeht und ihnen, ohne aufdringlich zu sein, einredet, dass sie jetzt unbedingt seinen Champagner verkosten müssen. Wir haben uns später geeinigt, dass ich meine Austern anbieten darf. 3000 habe ich letztes Mal verkauft und so meine Kosten gut gedeckt. Im Lauf der Jahre ist meine Hochachtung Rüdiger gegenüber gestiegen. Er ist ein harter, aber geradliniger Geschäftsmann. Seinen Erfolg verdankt er im Wesentlichen seinem unermüdlichen Fleiß, seinem Charme, seinen phantasiereichen Ideen. Dirk, sein Sohn, ist ein adäquater Nachfolger. Er ist genauso verlässlich wie der Vater. Was besprochen wurde, wird eingehalten.

GROSSE FISCHE BIETEN DIE BESTEN FILETSTÜCKE und reichlich Karkassen für Saucen und Suppen. Mein Sohn Dirk und Joachim Niehusen begutachten einen ausgewachsenen Steinbutt.

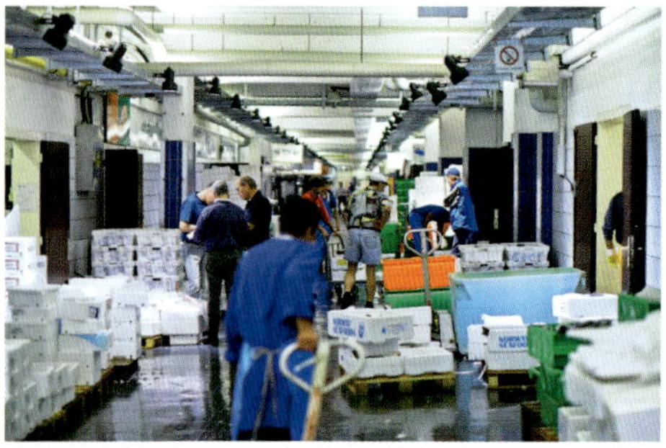

ARBEITSTAG IN DER BENACHBARTEN FISCHHALLE Männer in Gummischürzen schleppen Styroporkästen randvoll gefüllt mit Fisch und Krustentieren. Ein Geruch von Meer durchzieht den Lagerraum.

alt, wenn sie bei uns in der Küche verarbeitet wird. Noch am gleichen Mittag oder Abend zaubert unsere Kochbrigade daraus die verschiedensten Gerichte für die Gäste. Dieser zweimal täglich angelieferte Fisch ist natürlich nicht vergleichbar mit der Ware, die Hochseetrawler in den Handel bringen. Ihre Fänge lagern vier bis fünf Wochen im eisgekühlten Frachtraum, bevor sie versteigert werden. Nicht selten sind sechs Wochen vergangen, bis der Fisch zum Verzehr auf dem Teller liegt. Aus Aquakulturen kaufen weder Hummer Petersen noch wir. Schon gar nicht Viktoriabarsch aus Südafrika oder Pangasius aus Vietnam.

Qualität hat natürlich ihren Preis, aber zum Glück auch ihre Liebhaber. Und Quantität drückt die Kosten auf ein vernünftiges Maß. Welche Mengen an Seafood in unserer Küche verarbeitet werden, erstaunt mich immer wieder: drei bis vier Tonnen Frischfisch pro Monat und zwei Tonnen kanadischer Lobster während unserer Hummerwochen zwischen dem 10. Januar und dem 28. Februar.

Alle Arten von Meeresfrüchten, die in den Gewässern der Welt gefangen oder in Aquafarmen gezüchtet wurden, reisen inzwischen geruchsneutral auf Eis oder schockgefroren per Lkw nach Hamburg. Bedeutender Anlandeplatz für Frischfisch ist der dänische Hafen Esbjerg, für Tiefkühlware Frankfurt. Auf minus 40 Grad gefrostet und mit einer Eisglasur überzogen, um langsame Oxidation zu verhindern, landet auf dem Rhein-Main-Flughafen Seafood aus allen Gegenden der Welt – Krustentiere aus Thailand, Pangasius aus Vietnam, Sardinen aus Peru, Hummer aus Nordamerika. Südafrika schickt den Viktoriabarsch, Island Kabeljau, Kenia den Tilapia.

Finkenwerder, die ehemalige Elbinsel gegenüber dem Fischereihafen Restaurant, besaß einmal die größte deutsche Fangflotte, und der Strom galt als der fischreichste Europas. Kutter mit der Kennung HF tuckerten in aller Herrgottsfrühe flussaufwärts, um die Hamburger Bevölkerung mit Fisch zu versorgen. Das war allerdings schon vor meiner Zeit. Alte Finkenwerder haben mir all diese Döntjes erzählt, wie groß die Dorsche damals waren und die Netze so prall, dass sie es kaum schafften, den Fang an Bord zu hieven. Heute reicht der Ertrag aus dem brackigen Elbwasser kaum zum Überleben.

Nur die Krabbenfänger an der schleswig-holsteinischen Westküste machen auch heute noch gute Geschäfte. Mit weiten Auslegern durchpflügen rund 300 deutsche Kutter das Wattenmeer. Beim Garnelenfang sind wir spitze – noch vor den Niederländern. Rund 40 000 Tonnen landen jährlich in unseren Schleppnetzen. Bevor der größte Teil der kleinen Krebse allerdings hier zum Verkauf angeboten wird, reisen sie per Flugzeug oder im Lkw nach Nordafrika, von wo sie sich handgepult wieder auf den Rückweg machen. Global Seafood eben …

Wer bei uns Flammkuchen mit Krabben bestellt, kann sicher sein, dass diese maschinell gepult sind und nur einen Kurztrip von Büsum nach Hamburg hinter sich haben. Kein Vergleich zu der plastikverpackten Ware in den

Supermärkten: Unsere sind wesentlich größer, und sie schmecken auch besser, weil sie nicht für Wochen chemisch haltbar gemacht werden mussten.

Was wir als Krabben bezeichnen, sind biologisch gesehen gar keine – Nordseegarnele ist die richtige Bezeichnung für die glasig-grauen Wattbewohner. Richtige Krabben sind in Wahrheit diese Krebse mit den breiten Rückenpanzern und den gefährlichen Scheren, die seitlich vor uns die Flucht ergreifen, wenn wir bei einer Wattwanderung auf sie treffen. Übrigens – was heute zu Recht als Delikatesse gilt, nutzten unsere Vorväter vorwiegend als Schweinefutter und Dünger. Ähnlich wie die Bauern auf Neufundland den Hummer. Sie pflügten ihn tonnenweise in den kalkarmen Boden.

Diese Zeiten des Überflusses kommen nicht wieder, aber immerhin geht es der Elbe von Jahr zu Jahr besser. Seit die Abwässer aus den Industrie-Kombinaten der einstigen ČSSR und der DDR versiegten, erholen sich langsam die Bestände von Aal, Butt und Zander. 112 Arten sollen inzwischen wieder den Strom bevölkern. Ab und an wird sogar ein Lachs oder ein Stör gesichtet. Und vor allem schwimmen die Stinte im Frühjahr in großen Schwärmen wieder stromauf, um in dem sandigen Unterlauf des Flusses zu laichen. Paniert und frittiert – ein Leckerbissen, im wahrsten Sinne des Wortes. Der Fisch aus der Familie der Lachse ist nur knapp zehn Zentimeter lang.

Weltweit allerdings müssen wir uns Sorgen machen um die Ausbeutung der Meere. Da bin ich einer Meinung mit meinem Freund Joachim Niehusen, unserem Fischlieferanten. Er hat wie ich zwei Söhne, die einmal das Geschäft übernehmen sollen. Da beginnt man nachdenklich zu werden. Gut 145 Millionen Tonnen Fisch werden weltweit jährlich aus den Meeren gezogen – 118 Millionen Tonnen für den Verzehr, der Rest wird als Futtermittel verarbeitet. Nach Erkenntnissen der Welternährungsorganisation FAO steigt diese Fangmenge pro Jahr um etwa zwei Millionen Tonnen. Die größte Fischfangnation ist bei weitem China. Das bevölkerungsreichste Land erzielt eine Fangmenge von 15 Millionen Tonnen pro Jahr. Das kann nicht ewig so weitergehen. Dagegen ist Deutschland mit 978 000 Tonnen ein Zwerg.

Moderne Fabrikschiffe spüren schon seit einiger Zeit mit Hilfe von Echolot und Ultraschallwellen die Fischschwärme in den sieben Weltmeeren auf. Für die Jagd setzen chinesische und japanische Unternehmen inzwischen auch Satelliten ein. Das ist effektiv und kostengünstig. Erst wenn aus dem Orbit ein Schwarm im Pazifik, Atlantik oder Mittelmeer geortet worden ist, laufen ihre Fangflotten aus - das spart Zeit und Treibstoff. Besonders verheerend ist diese Fangmethode für den südlichen Blauflossen-Thunfisch. Der Schwarm wird von mehreren Schiffen aus mit Netzen trapezförmig eingekeilt. Dann werden die Netze immer enger zusammengezogen. Durch eine schmale Öffnung steigen Taucher ein. Die schlingen Stahlketten um die Schwanzflossen der zusammengepferchten Tiere. Ein Bordkran hievt die oft 300 Kilogramm schwere Beute dann einzeln an Bord. Keiner von diesen Wanderern der Mee-

BITTE WEITERLESEN AUF SEITE 85 ►

KLASSIKER
DER DEUTSCHEN KÜCHE

KÖNIGSBERGER KLOPSE IN KAPERNSAUCE

Für 4 Personen

ZUTATEN: 350 g Kalbshack, 200 g mageres Schweinehack, 120 g fein gehackte Zwiebeln, 60 g Brötchen vom Vortag, 60 ml Milch lauwarm, 3 Eier, 1 EL gehackte Petersilie, 1 EL fein gehackte Kapern, 1 TL Sardellenfilets fein gehackt, Majoran, Salz, Pfeffer, Muskat, 1 Zitrone (Abrieb)

ZUBEREITUNG: Die fein gehackten Zwiebeln in Butterschmalz zusammen mit der Petersilie anschwitzen und zum Auskühlen an die Seite stellen.
Die Brötchen in feine Scheiben schneiden und in der lauwarmen Milch einweichen.
Das Hack in eine Schüssel geben und mit dem Brot, Zwiebeln und allen anderen Zutaten gut mischen. Mit den Gewürzen abschmecken.
Mit leicht angefeuchteten Händen die Klopse formen. Die Klopse in leicht gesalzenem Wasser mit einem Lorbeerblatt und einer Nelke garen, bis sie an der Oberfläche schwimmen und dort bleiben.

ZUTATEN: 30 g Butter, 30 g Mehl, 500 ml Kochfond der Klopse, 100 ml Sahne, 100 ml Buttermilch, Saft einer Zitrone, 3 EL Kapern, Salz, Pfeffer

ZUBEREITUNG: In einem Topf aus der Butter und dem Mehl eine klassische Mehlschwitze herstellen. Mit 500 ml heißem Kochfond der Klopse auffüllen. Die Sahne und Buttermilch dazugeben und ca. 10 min köcheln lassen. Mit Salz, Pfeffer und Zitronensaft abschmecken.
Die gekochten Klopse zusammen mit den gehackten Kapern in die Sauce geben und einmal durchkochen.
Mit gehackter Petersilie bestreuen.
Dazu eingelegte Rote-Bete-Scheiben und Petersilienkartoffeln servieren.

HARALD ROLF – Niemand hat mehr Erfahrung mit der Räucherware: Erle fürs Aroma, Buche für die Hitze.

EIN PAAR JAHRE NACH DER WENDE DACHTE ICH, JETZT IST SCHLUSS MIT DER RÄUCHEREI.

Aber dann kam Rüdiger. Die Preise waren damals eingebrochen. Die Rostocker Konkurrenz löschte die Feuer in meinen 15 Ofenschächten, und ich musste meine Angestellten entlassen. Dabei hatte ich gerade eine gute Million Mark in die Anlage gesteckt – umwelttechnische Auflagen erfüllt.
Mein Großvater, Fischer aus Finkenwerder, hatte 1919 in Altona mit der Räucherei angefangen. Bis zum zweiten Weltkrieg gab es dort allein 60 Betriebe mit 500 Öfen. 18 Stunden pro Tag wurden die befeuert, der ganze Stadtteil roch nach Räucherfisch. Mein Vater hat die Firma 1933 nach Großborstel verlegt. Und ich musste das Geschäft übernehmen. Dabei wollte ich studieren, Im- und Exportkaufmann werden. Handelsschule durfte ich, dann war Schluss. Der alte Patriarch befahl: „Du übernimmst die Räucherei." Seit 1953 hänge ich also Aal, Makrele, Bückling, Schillerlocken, Heilbutt, Sprotten – na, die ganze Palette – an die Stangen, und dann ab in den Altonaer Räucherofen. Der ist so alt wie ich – 78 Jahre.
In den 80er Jahren war noch mal ein richtiger Boom. 30 Leute arbeiteten für mich. In 15 Ofenschächten hingen die Fische. An einem Wochenende haben wir zwei Tonnen Bücklinge verkauft. Mit unsere Qualität kam keiner mit. Wir waren die Besten und die Größten. Wir lieferten Räucherware nach alter Art: Erle für den Qualm, Buche für die Hitze. Das schmeckte man bei jedem Bissen. Dieser Boom schwächelte ab dem 9. November 1989. Die Nachfrage wurde von Jahr zu Jahr weniger. Auch gut! ,sagte ich mir: Jetzt beginnt halt das gemütliche Familienleben, jetzt wird wieder gereist wie früher als junger Mann und Golf gespielt, so oft ich Lust habe. Rüdiger kannte ich vom Golfplatz, der machte mir einen Strich durch die Rechnung. „Nix da mit Aufhören. Ich brauch dich. Du musst für mich weiter Aal räuchern. Das kann keiner so gut wie du." Da konnte ich dann nicht nein sagen. Per Handschlag haben wir den Handel besiegelt. Ich mag und bewundere den Rüdiger. Das ist ein erfolgreicher Kerl – auf jeden Fall, wenn es um den Aalpreis geht. Aber wir kommen beide auf unsere Kosten, und nebenbei haben sich noch ein paar private Feinschmecker angemeldet. So ein bisschen arbeiten tut mir ganz gut. Ich habe jetzt zwar nur einen Angestellten, einen Afrikaner, ein toller Kerl, dem kann ich Lohn und Brot geben. Und ich habe es gern, wenn ich dem Fischereihafen Restaurant die Ware bringe. Ich sitze dann eine Weile in der Küche, probiere Hummersuppe oder Matjes und schnacke mit Rüdiger oder den Köchen einen aus.

re kommt mit dem Leben davon. Der ganze Schwarm wird völlig vernichtet. Früher wurden aus einem Schwarm mal 20 Tiere rausgefischt. Der Rest überlebte und konnte sich vermehren.

Wir, die Fischer, Händler, Gastronomen und auch die Endverbraucher, haben wenig Einfluss, diesen Raubbau zu stoppen. Das muss der Gesetzgeber international regeln und kontrollierbare Fangquoten erlassen. Betonung auf kontrollierbar. Denn gesetzlich geregelt ist vieles, aber daran halten sich die wenigsten im internationalen Fischfang. Selbst unsere Nachbarn, die Niederländer, scheren sich einen Deibel darum. Von einem 80 000-PS-Trawler gezogen, durchpflügen ihre Schleppnetze den Meeresboden der Nordsee. Da bleibt kein Stein auf dem anderen. Diese PS-starken Trawler haben selbst unterseeische Wracks mit ihren Netzen verschoben. Mindestens zwei Jahre braucht die Vegetation, bis sie sich wieder erholt hat. Die Kurzsichtigkeit der europäischen Lobbyisten und die Wankelmütigkeit unserer Politiker führen dazu, dass die Fischbestände auch bei uns immer stärker abnehmen.

Wie sehr sich nachhaltige Fangmethoden lohnen, zeigen die gesetzlichen Bestimmungen der Hummerfischerei in Kanada: begrenzte Fanglizenzen und eingeschränkte Stückzahl der Hummerfallen, dazu kontrollierte Fanggebiete und Schonzeiten. Wer sich nicht daran hält, verliert seine Lizenz für immer. Seit diese Richtlinien in Kraft getreten sind, wachsen die Bestände wieder nach.

Mit diesem Debakel zwischen Nachhaltigkeit und Geschäft haben natürlich alle zu tun, die mit tierischen Lebensmitteln ihren Lebensunterhalt verdienen. Beim Aal haben wir eine Lösung gefunden. Unser Wildaal kommt aus Dänemark. Dort gilt die gesetzliche Regel, pro Kilogramm gefangenem Aal müssen mindestens drei Kilogramm Glasaale wieder eingesetzt werden. Das sind immerhin mehrere hundert Jungtiere. Gut drei Tonnen ausgewachsener Tiere verarbeiten wir im Jahr. Da kommt was an Nachwuchs zusammen.

Unsere Spezialität Räucheraal und Rührei auf Schwarzbrot kann der Gast also ohne schlechtes Gewissen genießen. Was reichlich getan wird – diese Vorspeise ist ein Renner. Die dürften wir nie von der Karte nehmen. Schwarzbrot, Rührei, Aal – was ist daran so besonders, könnte man denken. Simpler geht's doch nicht!

Aus einfachen Zutaten ein raffiniertes Gericht zu kreieren, das ist das Geheimnis einer guten Küche. Also: Geräuchert wird unser Aal von Harald Rolf, dem besten Fachmann auf diesem Gebiet. Er leitete bis vor einigen Jahren Hamburgs größte Aalräucherei. Inzwischen ist er Pensionär und entfacht seine Scheite – halb Buche, halb Erle – nur noch für uns. Zweieinhalb Stunden hängt der Aal im Altonaer Räucherofen und verströmt einen Duft von Wacholderbeeren und Buchenhain. Möglichst noch am gleichen Tag landet er auf einer Scheibe Vollkornschwarzbrot. Die wurde vorher von beiden Seiten in Butter knusprig gebraten und mit leicht gestocktem Kräuterrührei belegt. Also kein Vergleich mit den Aalbrötchen von der Fischtheke.

◀ RÄUCHERAAL AUS MEISTERHAND
So wird aus dem ältesten Verfahren, Fisch haltbar zu machen, eine Delikatesse: aromatische Lake, Rauch und Hitze durch Buchen- und Erlenholz in einem gusseisernen Monsterofen – gepaart mit der lebenslangen Erfahrung von Harald Rolf. Die hohe Qualität dieser Räucherware macht unseren Räucheraal auf geröstetem Vollkornbrot zum Renner.

SCHAULUST STATT LIEBESLUST
Wo sich der Gast einst auf der Bühne der „Amphore" an lustvollen Leibesübungen beteiligen konnte, bietet heute eine Café-Bar unter gleichem Namen statt Erotik heiße Schokolade an – und einen herrlichen Blick über den Hafen.

Wegen solch feinen geschmacklichen Kontrasten kommen Gäste aus den unterschiedlichsten Gesellschaftsschichten zu uns. Wir wollen kein Promi-Lokal sein, obgleich sehr viele bekannte und berühmte Leute uns besuchen. Schwellenangst haben wir nie aufkommen lassen. Natürlich kommen die Billigesser, die Fast-Food-Junkies, nicht ins Haus. Aber wir sind auch kein Treffpunkt abgehobener Gourmets, die glauben: je teurer, desto besser und die unter zwei Michelin-Sternen keine Gabel in die Hand nehmen. Wir sind trotz des großen Erfolgs ein bürgerliches Restaurant geblieben.

Häuser, die nur auf Edelprodukte setzen, demonstrieren in erster Linie ihre Armut an Phantasie. Ein guter Koch muss auch aus preiswerten Lebensmitteln Schmackhaftes entwickeln können. Das erfordert natürlich Erfahrung und Kreativität.

Als die Geschäfte auf der Reeperbahn noch gut liefen, besuchten uns mittags oft Leute vom Kiez mit ihren Damen, um sich zu stärken. Im Fischereihafen Restaurant haben sie sich immer korrekt benommen, trotz des Schampus, der reichlich zur Seezunge floss. Bei jeder Nachbestellung hieß es: Muss doch schwimmen, der Fisch. Eines Tages stand eine der Damen völlig nackt im Lokal. Sie trug, wie es damals Mode war, einen Overall, beziehungsweise sie trug ihn nicht mehr. Er ringelte sich um ihre hochhackigen Pumps. Sie war genauso verdutzt wie die Gäste über ihren plötzlich naturbelassenen Zustand. Offensichtlich hatte sie, von der Toilette kommend, den Reißverschluss ihres einzigen Kleidungsstücks nicht ordentlich hochgezogen.

In den 80er Jahren ging's auf dem Kiez noch richtig rund, und der Kiez schloss die Große Elbstraße ein. Was durchaus auch von Vorteil war: Hier wurde nie eingebrochen, nie ein Auto geknackt: Die kleinen Ganoven fürchteten die Rache der großen – das war Territorium der Kiezgrößen, die wünschten keine polizeilichen Untersuchungen, die störte das Geschäft. Es war die Zeit, in der mich manch distinguierter Gast nach der „Amphore" fragte. Bei dem Namen dachte keiner an einen zweihenkeligen antiken Krug. Die „Amphore„ am Pinnasberg war berühmt für ihre Bühnenshows, bei denen immer das gleiche uralte Stück aufgeführt wurde – und jeder, der Lust verspürte, konnte unter den anfeuernden Zurufen der Zuschauer mitspielen. Heute ist das Lokal am Ende der St.-Pauli-Hafenstraße eine solide Café-Bar mit Aussicht auf den Hafen.

An einen meiner Kiez-Gäste erinnere ich mich noch gut. Dakota Uwe, mit bürgerlichem Namen Uwe Carstens, hatte mich eines Tages höflich gefragt, ob sein Sohn seine Kochlehre nicht im Fischereihafen Restaurant fortsetzen könne. Er habe Schwierigkeiten mit seinem Chef im „Landhaus Dill". Um des lieben Friedens willen nahm ich Dakotas Sohn auf. Ich sollte es nie bereuen. Er ist ein guter Koch geworden und besitzt heute ein nettes Lokal am Othmarscher S-Bahnhof. Einmal im Jahr treffen wir uns mit Freunden dort zum Eisbeinessen. Dem Kollegen vom „Dill" wollte ich damals vor allem Unannehmlichkeiten ersparen. Dakota Uwe hatte nämlich dem Chefkoch, der seinen

Sohn schikanierte, gedroht, ihm mal ordentlich „in den Arsch zu treten“. Dieser Spruch ließ mich um die Gesundheit des Kollegen fürchten. Von Dakota Uwe hieß es, er sei der Mann fürs Grobe von Wilfried Schulz, genannt Frieda, und habe in dessen Auftrag die österreichischen Luden aus Hamburg vertrieben. Die Art, wie er dies bewerkstelligte, hatte mit dem gleichen Körperteil zu tun, in das er jetzt treten wollte. Er habe dem österreichischen Oberluden, genannt „Wiener Bär“, ein Messer in den Hintern gerammt, es langsam umgedreht und gesagt: „Und jetzt verschwindet ihr aus der Stadt!“ Bei der Polizei, die den Österreicher blutend und halb ohnmächtig in der Toilette seines Stammlokals fand, ließ der kein Wort gegen Dakota Uwe verlauten. Er sei, gab „Wiener Bär“ beim Verhör zu Protokoll, rückwärts in sein eigenes Messer gefallen. Der angestochene Bär und seine Gang verschwanden auf Nimmerwiedersehen aus Hamburg. Danach herrschte erst mal Ruhe auf dem Kiez. Dakota Uwe war eine Respektsperson, mit der sich niemand anlegte, Wilfried Schulz stieg zum Paten von St. Pauli auf. Sein Wort war Gesetz auf dem Kiez: keine schlechte Karriere – wenn auch eine hart neben dem Gesetz. Immerhin hatte er sich vom Hafenarbeiter zum Herrscher auf St. Pauli hochgearbeitet, mit Villa im bürgerlichen Blankenese und 200 000-Mark-Yacht auf der Elbe. 1992 starb er an Krebs.

Bei unserer Bedienung waren beide Herren äußerst beliebt – immer höflich, immer charmant. Na, und dann ließen sie auch nicht selten einen Hunni als Trinkgeld liegen. So etwas fördert ja auch die Beliebtheit. Frieda konnte es sich leisten: Sein „Café Cherie“, ein Edelbordell am Steindamm, war eine Goldgrube.

Dakota hat sich später eine Neun-Millimeter-Kugel in den Kopf geschossen. Aus einem durchaus ehrenwerten Grund: Er hatte reichlich Schulden und wollte die Familie durch seine hohe Lebensversicherung abgesichert wissen. Dummerweise hatte er nicht bedacht, dass im Falle eines Selbstmordes die Prämie nicht ausgezahlt wird.

Beruflich ging es bei mir bergauf, gesundheitlich geriet mein Lebenslauf ins Stolpern. Ich hatte mich zu viel ums Geschäft gekümmert und zu wenig um mein körperliches Wohl. Als Chef reißt man sich zusammen. Da zeigt man Willensstärke. Krank sein bedeutet Schwäche. Von Kindheit an hatte ich Probleme mit dem Herzen. Mit 40 fiel der Motor plötzlich aus. Ich lag lang, nichts ging mehr. Jetzt bestimmten Ärzte, was zu tun war.

Glück im Unglück: Professor Dr. Roland Hetzer, der Mitte der 80er als Ärztlicher Direktor das Deutsche Herzzentrum Berlin aufgebaut und 1987 die erste erfolgreiche Implantation eines Kunstherzens vorgenommen hatte, nahm mich als Patient auf. Als ich aus der Narkose aufwachte, stand er neben meinem Bett und sagte: „Alles wunderbar verlaufen. Mit der künstlichen Herzklappe können Sie hundert Jahre alt werden.“ Und augenzwinkernd: „Aber keine Kneipenschlägereien mehr. Sie müssen ab sofort Medikamente einnehmen, die Ihre Blutgerinnung beeinträchtigen.“ Hundert Jahre sind okay,

EHRUNG VON HERZEN Im Dezember 1967 fand eine Weltpremiere statt, die heute fast Routine ist. Ein 31-köpfiges Team unter Leitung des Südafrikaners Christiaan Barnard transplantierte ein menschliches Herz. Jahre später war er mein Gast, und ich musste dem gichtgeplagten Professor helfen, seine Seezunge zu filetieren.

dachte ich, dann habe ich noch 60 Jahre zu leben. Und das mit den Kneipenschlägereien geht auch in Ordnung. In jungen Jahren hatte ich zwar so manchen Streit schlichten müssen, nie aber mich selbst beteiligt.

Es gibt ein kleines Nachspiel zu dieser Geschichte: Drei Jahre später, kurz vor seinem Tod im Jahre 2001, filetierte ich im Fischereihafen Restaurant Professor Dr. Christaan Barnard die bestellte Seezunge. Der Mann, der die erste Herztransplantation der Welt durchgeführt hatte, der geniale Operateur, konnte seine von Gichtanfällen schmerzhaft geschwollenen Fingergelenke kaum noch bewegen. Natürlich sang ich auf meinen Lebensretter Roland Hetzer ein Loblied, dass ihm die Ohren geklungen haben müssen. Ja, dieser Roland sei einer seiner begabtesten Schüler gewesen, schien Barnard sich zu erinnern. Im beruflichen Werdegang von Professor Hetzer wird zwar sein Examen an der Stanford University, die siebenfache Ehrendoktorwürde, seine Habilitationsschrift und das Bundesverdienstkreuz erwähnt. Aber kein Wort von der „Medical School" der Universität Kapstadt, wo Barnard einst lehrte. Im Alter sah der gichtgeplagte Südafrikaner offensichtlich jeden erfolgreichen Herzchirurgen als seinen Schüler an. Irgendwie stimmte das ja auch. Welch medizinischer Fortschritt seit damals! Was 1967 trotz tödlichem Ausgang eine umjubelte Weltsensation war – der Patient überlebte den Eingriff nur 18 Tage –, ist heute, auch dank Christiaan Barnard, Routine mit überschaubarem Risiko.

Für mich war nach der lebensbedrohenden Herzgeschichte klar: geliebtes Hamsterrad – ade, ich muss mein Leben ändern. Was nützt ein tolles Restaurant, wenn man im Sarg liegt? Also verkaufen! Drei bis vier Millionen würde ich für den Laden auf dem freien Markt wohl bekommen. Und dann? Ich spiele gerne Golf, ich reise gerne, ich sitze auch mal gern entspannt vor dem Fernseher. Aber als künftigen Lebensinhalt golfen, reisen, fernsehen – niemals. Also habe ich mich nach einem Partner umgesehen. Und fand den idealen Kompagnon – nach langer Suche, das muss ich zu meiner Schande gestehen: meinen Sohn Dirk. Er brachte all die Voraussetzungen mit, die ich mir für den künftigen Geschäftsführer gewünscht hatte: ein junger Mann mit Verantwortungsbewusstsein und Organisationstalent, der Zukunftsideen entwickelt, ohne in Spinnereien zu verfallen. Jemand, der etwas von Finanzen versteht, aber auch die praktische Arbeit beurteilen kann: Dirk hatte nach dem Abitur eine Ausbildung als Bankkaufmann und Koch gemacht und später seine Kenntnisse in Küche und Service bei Jörg Müller auf Sylt und im altehrwürdigen Kölner „Grandhotel Excelsior" verfeinert. Besser geht's nicht.

Ein Problem mussten wir allerdings noch lösen: Wie regelten wir den Verkauf? Er wollte nichts geschenkt bekommen, hatte aber kein Geld für die Ablösesumme. Ich wollte mein Lebenswerk natürlich nicht kostenlos abtreten. Also bürgte ich für die Summe, die er von der Bank aufnahm, um mich auszuzahlen. Anfangs war es nicht ganz einfach, die geschäftliche Leine zu führen. Es gab Arbeitsbereiche, in denen Vater und Sohn nicht gleicher Meinung wa-

DER GAST, EIN FREUND
Die emotionale Bindung zwischen Gast und Wirt ist eine meiner wichtigsten Geschäftsphilosophien. Die zeigt sich besonders im Service, bei dem Dirk und Benny gern mithelfen.

ren und ich meinen Standpunkt durchdrücken wollte. Das führte natürlich zu gegenseitiger Verärgerung. Diese Rangelei um Kompetenzen spielt sich in allen Familienbetrieben ähnlich ab, wenn der Alte dem Jüngeren Platz macht.

Heute bin ich nicht mehr jeden Tag im Restaurant, gönne mir auch mal eine Auszeit. Wir haben es geschafft, die Betonung auf Familienbetrieb zu verstärken. Natürlich ist Susanne mit an Bord und seit jüngster Zeit auch Benny, ihr Sohn aus erster Ehe, der längst auch mein Sohn ist. Er und Dirk verstehen sich als Brüder. Wir sind ein Familienunternehmen, immer steht einer von uns am Eingang und begrüßt die Gäste. Viele kennen wir seit Jahren. Sie sind wie Verwandte oder Freunde, die zu Besuch kommen.

Durch Dirk und Benny ist eine neue Lebendigkeit ins Fischereihafen Restaurant eingekehrt. Mit ihnen hat sich der Kreis der Besucher erweitert, ist jünger und bunter geworden. Dieser Spagat zwischen jüngerer und älterer Generation ist für jeden Betrieb eine wichtige Voraussetzung für den Fortbestand. Dirk brachte neue Ideen ein, die gemeinsam verwirklicht wurden: die Terrasse mit Elbblick zum Beispiel oder die „Oyster Bar", ein Lieblingsplatz vieler Gäste.

Ich bin heute eher so etwas wie ein Schiedsrichter, Ratgeber und auch Zensor. Wissen, Erfahrung und Routine, das kann ich einbringen. Auch folge ich weiterhin dem alten Lenin-Spruch: Vertrauen ist gut, Kontrolle ist besser. Wenn ich Dienst habe, gehe ich wie seit Jahrzehnten um 11 Uhr 30 in die Küche und probiere alle Saucen, alle Suppen, alle Dressings. Manchmal fehlt ein wenig Zucker oder Salz, etwas Dijon-Senf. Auf meinen Gaumen ist immer noch Verlass. Das gestehen mir sogar die Küchenchefs zu.

MEIN LEBENSRETTER Wir haben wieder gut lachen. Professor Dr. Wolfgang Teichmann diagnostizierte im frühen Stadium ein Karzinom im Lebergallengang. Das rettete mir das Leben.

Wie richtig es war, dass Dirk das Heft in die Hand genommen hatte, zeigte 2009 das Ergebnis einer Routineuntersuchung bei meinem Hausarzt Dr. Fritz Ducho. Er sprach anfangs von merkwürdig erhöhten Leberwerten. Fünf Tage später bei einer weiteren Blutuntersuchung waren sie besorgniserregend weiter angestiegen. Mit diesem Befund suchte ich meinen Freund Professor Dr. Wolfgang Teichmann auf, einen Spezialisten für Viszeralchirurgie, also die Bauchorgane. Er stieß schnell auf den Kern des Übels: Ein Lebergallengangkarzinom wuchs in meiner Bauchhöhle, eine äußerst seltene, schwer zu entdeckende und zu diagnostizierende Tumorart. In der Mehrzahl der Fälle geschieht dies im fortgeschrittenen Stadium der Erkrankung und endet für die Patienten tödlich.

Ich habe Wolfgang Teichmann mein Leben zu verdanken. Er war nach seiner Pensionierung oft mein Gast. Dabei hat er mir auch von seiner abenteuerlichen Flucht im Kofferraum eines Pkw Ende der siebziger Jahre erzählt. Er war gerade habilitiert, einer der jüngsten Professoren der DDR. In verschiedenen Mayo-Kliniken in den USA hat er sich dann mit endoskopischer Chirurgie beschäftigt und als Chef des Hamburger AK Altona die minimal-invasive Bauchchirurgie revolutioniert. Ein bewundernswerter Mann – menschlich wie fachlich.

VERZEIHLICHER SEITENSPRUNG ▶ Ab und an muss ich mal fremdgehen, wie hier beim 8. Food Market in der Hamburger Gemüsegroßhalle. 20 000 Besucher passierten unseren Stand, und nicht wenige stärkten sich dort mit Austern, Hummer, Fischfrikadellen und Champagner.

HAMBURGER
HOF
PARFÜMERIE

DREIECKSVERHÄLTNIS
Friedliche Tage mit Susanne am Elbstrand und zu Hause. Franzi ist natürlich immer dabei.

Die einzig sinnvolle Behandlungsmöglichkeit, sagte er mir, sei die operative Entfernung des Tumors. Und der Einzige, der dafür in Frage komme, sei sein Kollege Professor Dr. Peter Neuhaus, Direktor für Allgemein-, Viszeral- und Transplantationschirurgie an der Charité in Berlin. Dieser Spezialist für Leber, Gallenwege und Bauchspeicheldrüse gehöre zur Weltspitze in seinem Fach und leite bis zu 130 Transplantationen pro Jahr. Für ihn und sein Team steht in Tempelhof Tag und Nacht ein Privatflieger bereit, um irgendwo in Europa Spenderorgane zu entnehmen und möglichst nach zwölf Stunden in Berlin wieder einzupflanzen. Teichmanns Informationen nahmen mir zwar nicht meine Todesangst, aber immerhin, für mich brauchte das Flugzeug nicht zu starten.

Rüdiger Kowalke benötigte kein Spenderorgan. Von der 2000 Gramm schweren Leber in meinem Oberbauch blieb nur ein Fitzelchen übrig. Damit kann ich gut leben. Ein wenig Diät – natürlich! Ansonsten – das zentrale Organ des Stoffwechsels wachse nach, sagte mir Professor Neuhaus.

Es ist lange her, dass ich meinen Mitmenschen etwas beweisen musste. Im Alter wird man gelassener. Was ich in den Stressjahren mir nur selten leisten konnte und einen „idealen Tag" nannte, das kann ich mir heute jederzeit leisten: Nach einem ausgiebigen Frühstück mit Susanne und Hund am Elbufer spazieren gehen, dann die „Heideräuber" treffen, meine seit 25 Jahren altvertrauten Sportsfreunde, mit ihnen 18 Löcher Golf spielen, dann bei frischem Bier vom Fass, Hausmannskost, Klönschnack und bei einer Runde Skat den Nachmittag verbringen.

Das Leben, habe ich mal gelesen, ist wie eine Wanderung. Für jeden Abschnitt braucht man ein anderes Tempo, eine andere Gangart, hat einen anderen Blickwinkel. Wohl wahr! Ich kann es gelassener angehen: Das Haus liegt in guten Händen. Und falls ich es eines Tages nicht mehr schaffe, die 29 Stufen zu erklimmen – den Treppenlift werde ich nicht benutzen, um den Kontrolleur zu spielen. Das habe ich meiner Familie versprochen.

„DAS LEBEN IST
WIE EINE WANDERUNG.
JEDER ABSCHNITT
FORDERT EIN
ANDERES TEMPO."

MEIN RESTAURANT

TRAUMBERUF GASTGEBER

EIN
FREUNDLICHER
WIRT –
DAS BESTE
GERICHT

MARTIN LUTHER, THEOLOGE UND REFORMATOR
(1483–1546)

◀ ELBPHILHARMONIE Als gläsernes Konzerthaus und Hamburgs neuer Leuchtturm gepriesen, wird der Bau 790 Millionen Euro kosten – zehnmal mehr als geplant. Wann dort zum ersten Mal aufgespielt wird, steht in den Sternen.

FISCHMARKT Hering und Scholle werden nur noch vor der Tür auf dem berühmten Hamburger Fischmarkt verkauft. In der Auktionshalle finden heute Events jeder Art statt.

NICHT ALLES IST GELUNGEN, VIELES BRAUCHT NOCH ZEIT

Aus der Industriebrache am Elbufer, wo einst geladen, gelöscht und Fisch verarbeitet wurde, entwickelte sich das größte innerstädtische Bauprojekt Europas: eine Flaniermeile mit exquisiten Läden, schicken Büros, Spitzenrestaurants und Apartmenthäusern, hochpreisig wie in Harvestehude. Einige Projekte scheinen nie fertig zu werden, andere zählen nicht zu den architektonischen Meisterwerken. Im Großen und Ganzen aber ist die Metamorphose gelungen.

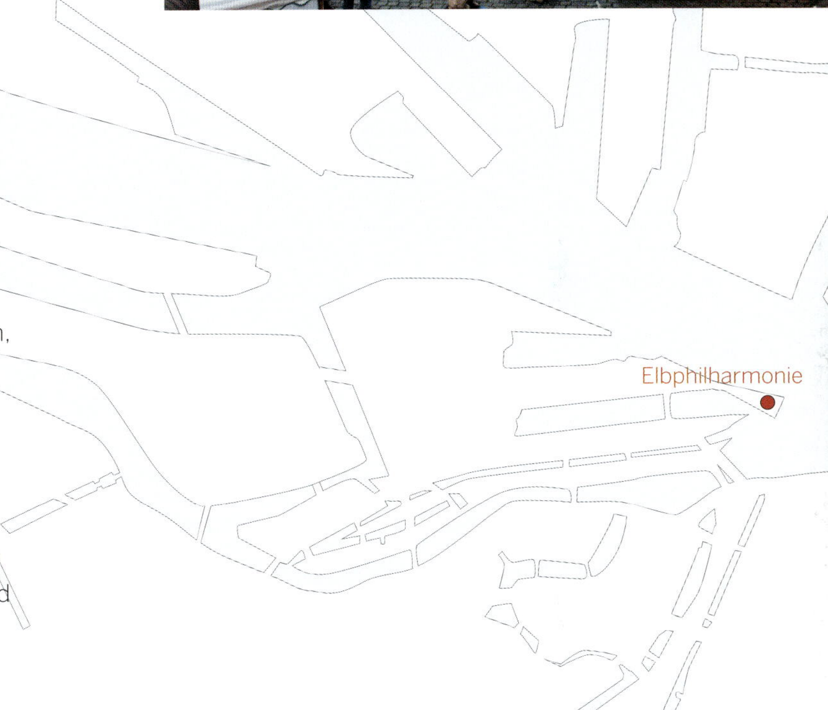

GROSSE ELBSTRASSE

WASSERSEITE Die neue Norduferbebauung Große Elbstraße in Hamburg-Altona.

KRISTALLTURM Die Luxusherberge am Fischmarkt bietet 32 Wohnungen für Millionäre. Entworfen wurde das Apartmenthaus von dem holländischen Star-Architekten Kees Christiaanse.

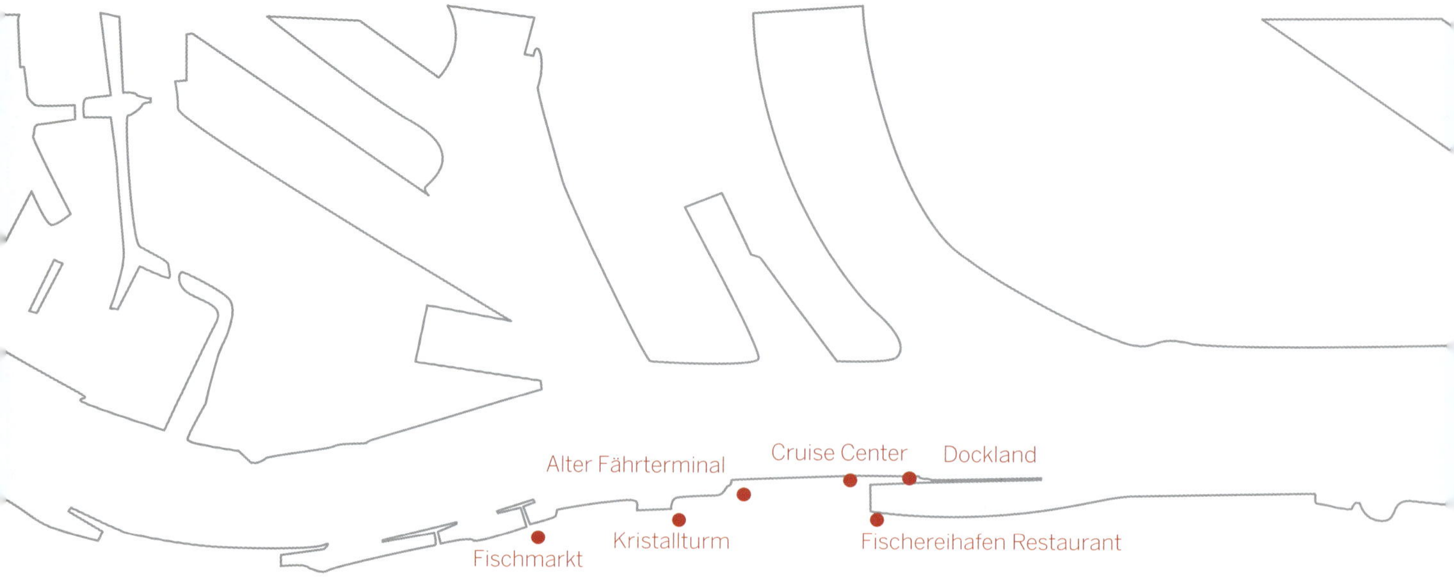

ALTER ENGLAND-FÄHRTERMINAL

GROSSE ELBSTRASSE Nicht alles wurde wegpoliert. Immer noch wird hier Fisch verkauft. Die Händler genießen inzwischen Milieuschutz.

DOCKLAND Ein Bürohaus wie ein Schiff. 2006 wurde das sechs Stockwerke hohe Gebäude – Entwurf Hadi Teherani – fertiggestellt und als architektonisches Wunder bestaunt.

CRUISE CENTER Landeplatz für Kreuzfahrer mit gläsernem Terminal. Pötte von 300 Meter Länge können hier abgefertigt werden.

BESTE ADRESSE Utensilien aus vergangener Zeit wie dieser alte Kran locken Touristen. Für viele ist das Fischereihafen Restaurant die wichtigste Adresse auf ihrer Seaside-Tour.

SUSANNE KOWALKE

Mein erster Kontakt mit Rüdiger war indirekt. Am 22. Dezember 1991 trafen meine Mutter und ich uns zu einem vorweihnachtlichen Mittagessen. Das war bei uns eine jährliche Tradition. Und jedes Mal wählten wir ein anderes Restaurant. Diesmal stand das Fischereihafen Restaurant auf der Liste. Blick in die Karte: Gedünsteter Lachs mit Sauerkrautkruste? Das kannten wir nicht, das machte uns neugierig. Wir bestellten es beide. Smalltalk, während wir auf unser Gericht warteten. Uns beiden war der ungewöhnlich freundliche Service aufgefallen: Wie er uns empfing, uns zu unserem Tisch begleitete, unsere Bestellung entgegennahm. Das war nicht die übliche berufsbedingte Freundlichkeit. Das schien wirklich von innen zu kommen. Ich weiß noch, wie ich zu meiner Mutter sagte: Man merkt, denen bringt ihr Beruf Spaß, die müssen einen netten Chef haben.

Gut, dann kam der Chef, der Champagner, die Einladung. In Rüdigers Lebenslauf wunderbar nachzulesen. Ich fand das Angebot, Silvester mit ihm in Spanien zu verbringen, ziemlich dreist. Aber es war nicht plump vorgetragen, sondern mit einer charmanten, ein wenig bubenhaften Unsicherheit. Das gefiel mir. Meine Antwort wird natürlich gern im Freundeskreis kolportiert: „Sehr gern, aber ich weiß nicht, was mein Sohn und mein Mann dazu sagen würden." Nach einem Jahr Pause haben wir uns dann zufällig wiedergetroffen, und da war alles klar: Wir bleiben so lange zusammen, wie wir uns lieben. Das war vor 22 Jahren, und ich habe es bis heute keinen Tag bereut.

Ich schätze seine liebevolle Art, mit der er mit allen Geschöpfen umgeht: mit der Familie, mit Freunden, mit Mitarbeitern und mit Tieren. Zu Hause übrigens bin ich die Köchin – die Alltagsköchin. Solange wir zusammenleben, hat er sich vielleicht viermal an den Herd gestellt. Ansonsten kommt er nur kurz in die Küche, schmeckt ab und sorgt damit für das „i -Tüpfelchen", wie er sagt. Rüdiger ist kein anspruchsvoller Esser, eher bodenständig. Rindsrouladen und Königsberger Klopse sind seine Lieblingsgerichte.

Gut, wenn Gäste kommen, legt er sich ins Zeug. Dann zeigt sich – er ist ein meisterlicher Koch. Übrigens: als ich ihn das erste Mal in seiner Wohnung besuchte und hungrig in seinen Kühlschrank schaute, lagen da drei Flaschen Bier, eine Flasche Champagner und Pralinen: Was man halt so braucht, wenn sich überraschend Damenbesuch anmeldet.

Vom ersten Tag an hat er meine beiden wichtigsten Kriterien für ein gemeinsames Leben erfüllt: Mein Hund legte sich an seine Bettseite, und mein Sohn war von ihm sofort angetan. Es war Benny, der ihn aufforderte, doch nächstes Mal ein paar Anziehsachen mitzubringen, da er hoffentlich jetzt öfters hier übernachte. Mein Gott, was gibt es normalerweise für ein Theater, wenn bei der geschiedenen Mutter ein neuer Mann auftaucht!

Wirklich negative Seiten? Fallen mir keine ein. Eher liebenswürdige Schwächen. Beruflich ist er ein Perfektionist, aber kein Pedant, und privat eher ein

Chaot. Und er ist der eitelste Mann, den ich kenne. Jeden Morgen überlegt er sich genau, was er anziehen soll. Es muss dem Tagesablauf gerecht werden – geschäftliche Besprechung, alltäglicher Dienst im Restaurant, Treffen mit einer wichtigen Persönlichkeit – das Outfit muss stets der Gegebenheit angepasst sein. Selbst wenn er sich in der Freizeit für Jeans entscheidet, steht er lange vor dem Spiegel, guckt, ob sie sitzen, und überlegt, was dazu passt. Ich glaube, diese äußerliche Perfektion bietet ihm Sicherheit. Er hatte eine schwere Kindheit, ist recht lieblos aufgewachsen. Er wurde versorgt, ja! Aber als Kind kaum wahrgenommen. Lob gab's nur, wenn er anpackte, Geschenke so gut wie nie. Noch heute ist er jedes Mal fast zu Tränen gerührt, wenn ich ihm zum Geburtstag einen kleinen Gabentisch aufbaue.

Ich bewundere seine Vitalität, obgleich seine Gesundheit nicht die beste ist. Und ich bewundere, dass er trotz seines Erfolges bodenständig und so ein verdammt netter Kerl geblieben ist.

Das ist wohl jetzt eine Liebeserklärung geworden!

DIE CLOCHES HOCH
Bei Dirk liegt das Haus in guten Händen.

DIRK KOWALKE, GESCHÄFTSLEITUNG

Mein Vater war, solange ich denken kann, immer ein vielbeschäftigter und erfolgreicher Mann. Ihn als „Workoholic" zu bezeichnen, ist sicherlich nicht übertrieben. Als Kind hatte ich dafür wenig Verständnis – heute, nachdem ich den gleichen beruflichen Weg eingeschlagen habe, ist mein Verständnis groß. Sosehr ich es damals gehasst habe, dass mein Vater nie Zeit für mich hatte, umso mehr war er später, als Erwachsener, Leitbild für mich und die Schlüsselfigur für meine Berufsentscheidung.

Es gibt Szenen mit Gästen von ihm, die ich als junger Mensch beobachtet hatte und die sich mir für immer eingebrannt haben. Diese zugewandte Art Menschen zu begegnen, ist ein wesentlicher Charakterzug meines Vaters. Als Gastgeber unschlagbar. Das war der entscheidende Schlüssel für seinen gastronomischen Erfolg! Nach dem Abitur habe ich eine kaufmännische Ausbildung angefangen und mir dann die Frage nach meinem konkreten Berufsweg gestellt. Schon während der Ausbildung begann ich regelmäßig im Restaurant zu jobben. Bald war mir klar: Auch in mir schlägt das Herz eines guten Gastgebers! So ließ ich der ersten Ausbildung eine Kochausbildung folgen, ohne allerdings zu ahnen, dass ich einmal das Fischereihafen Restaurant übernehmen würde. Nach gastronomischen Wanderjahren wollte ich mich einmal selbständig machen.

Wie aus heiterem Himmel kam das Angebot meines Vaters, das Fischereihafen Restaurant zu übernehmen. Nicht nur die Sache an sich, auch der frü-

LÄCHELN FÜRS FAMILIENALBUM
Neben Benny Nichte Leoni und die Enkelkinder Fiona und Konstantin.

FREUDIGER SERVICE Auf Familie und Mitarbeiter muss man sich verlassen können. Jeder muss Spaß an der Arbeit mitbringen.

he Zeitpunkt waren eine große Überraschung. Schließlich war mein Vater erst 49 Jahre alt. Dieses Angebot konnte ich nicht abschlagen, so wurde ich mit 26 Jahren Chef von über 50 Mitarbeitern. Das habe ich mich nur getraut, weil ich wusste, dass mein Vater mich noch einige Jahre quasi als „Intensiv-Berater" begleiten würde. Dafür werde ich ihm in zweierlei Hinsicht für immer dankbar sein: Zum einen für die einmalige berufliche Flanke, die er mir mit dem Verkauf seines kerngesunden Unternehmens geschlagen hat, zum anderen für seine Bereitschaft, mich auf diesem Weg zu begleiten!

Denn die ersten rund fünf Jahre waren für uns beide schwierig. Dabei habe ich damals „natürlich" immer eher auf meine eigene Last geschaut als auf seine. Und da mein Vater nicht nur ein Perfektionist ist, sondern (vorsichtig ausgedrückt) auch zur Ungeduld neigt, flogen am Anfang einige Male ganz schön die Fetzen. Das hat mich sehr belastet, aber im Nachhinein ist mir klar geworden, dass diese „Spezialausbildung" zwingend erforderlich war. Ich war schließlich noch sehr jung und musste den Betrieb quasi „learning by doing" in den Griff bekommen. Und da mein Vater der Einzige war, der mir noch etwas vorschreiben konnte, bin ich ihm heute doppelt dankbar, denn ich weiß jetzt, dass die ersten Jahre für ihn mindestens genauso unbequem waren wie für mich!

Heute herrscht bei uns Harmonie! Und mit „uns" meine ich auch Susanne und meinen Stiefbruder Benny, der 2011 ins Unternehmen kam und der mittlerweile praktisch meine „rechte Hand" ist. Somit haben wir den Charakter eines Familienunternehmens geschaffen, in dem jeder seine Aufgabe hat und Verantwortung übernimmt. Ich bin sicher, dass wir auf diese Weise auch für die kommenden Jahre bestens aufgestellt sind!

BENJAMIN „BENNY" KAST, MITGLIED DER GESCHÄFTSLEITUNG

Rüdiger kannte ich schon, bevor ich ihm persönlich begegnete – aus der Amex-Werbung im Fernseher und im Kino. Tolle Promotion! Meine Mutter und ich zogen gerade um, als er im Mercedes SL 500 plötzlich vorfuhr. Das fand ich geil. Ich war damals 14, ein absoluter Mercedes-Fan. Was außerdem gleich für ihn sprach: Er brachte neben einem riesigen Blumenstrauß auch Cola und Schnitzel mit – mein Leibgericht. Und ich hatte verdammten Hunger von der Packerei. Rüdiger war gleich wie ein zweiter Vater für mich. Meine Eltern hatten sich vor einiger Zeit getrennt. Friedlich – Gott sei Dank, kein ver-

TÜR ZU EINER NEUEN WELT Benny hatte sich in allerlei Berufen versucht, aber nirgends erlebte er so viel menschliche Wärme und arbeitete so freudvoll wie hier im Restaurant.

bitterter Rosenkrieg. Mein Vater kommt heute ab und an mit seiner neuen Frau hier ins Restaurant zum Essen.

Als künftiger Lebensgefährte meiner Mutter hat Rüdiger sich nie bei mir angebiedert – mal abgesehen von dem Schnitzel. Von Anfang an hat er mich aber wie seinen Sohn behandelt, vielleicht mehr noch wie einen Kumpel. Wir haben zusammen Fußball geguckt, und er hat mich auch mit ins HSV-Stadion genommen. Mir hat natürlich unheimlich imponiert, wer ihn da alles freundschaftlich begrüßte.

Ich kenne keinen Menschen, der großzügiger ist als er. Gleichgültig, ob das Klamotten waren oder sein Auto. Ich konnte alles nehmen, als wären es meine Sachen. Private Besitzansprüche scheint es für ihn nicht zu geben, jedenfalls mir gegenüber nicht. Er geht sehr pfleglich mit allen Dingen um, aber er verleiht sie sofort, wenn man ihn darum bittet. Spendabel ist er auch bei Menschen, die er nicht kennt. Wenn wir essen gehen, strahlen die Kellner immer bei seinen Trinkgeldern. Gleichzeitig ist er ein glänzender Geschäftsmann, der durchaus auf den Preis guckt. Rüdiger ist ein geschickter Verhandler, der am Ende den Betrag zahlt, den er sich vorgenommen hat und der seiner Meinung nach dem Marktwert entspricht. Niemals aber würde er jemanden über den Tisch ziehen.

Er kann unglaublich aufbrausend sein, wenn zu viel auf ihn einströmt. Dann sollte man ihn in Ruhe lassen. Bloß nicht ansprechen! Er muss die Möglichkeit haben, den einen Gedanken oder die Entscheidung zu Ende zu bringen. Er ist ein Perfektionist – keine Frage. Im Geschäft ist das wunderbar, aber im Privaten kann das nerven. Wir sitzen zum Beispiel in irgendeinem Restaurant. Ihm wird ein warmes, schlecht gezapftes Bier serviert. Dann ärgert er sich über die Nachlässigkeit, dass die Stimmung schon mal für kurze Zeit kippen kann.

Seit ich 15 bin, helfe ich hier im Restaurant aus – mal in der Garderobe oder in der Küche, mal an der Bar oder im Restaurant. Wo gerade Not am Mann ist. Nach der Schulzeit habe ich dann bei Mercedes gelernt – ein Posten übrigens, den er mir verschafft hatte. Dann machte ich in Schifffahrt. War alles nichts gegen das, was ich an Spaß, an menschlicher Wärme, an familiärem Betriebsklima hier im Restaurant erleben kann. Darum habe ich mich mit Dirk zusammengetan. Er ist natürlich der Chef, aber wir sind wie Brüder. Und alles Geschäftliche besprechen wir gemeinsam.

TOILETTEN
TELEFON
JUWELIER
CHANEL
PIAGET
GUCCI

LAHSEN MEKHCHOUN

EIN BUCH MIT 730 SEITEN

Jeden Sonntag brütet Lahsen Mekhchonn über diesem unhandlichen Folianten. Blättert vor und zurück. 365 Doppelseiten liegen vor ihm – links die für die Mittagszeit, rechts notiert er die abendlichen Tischbestellungen. Ein Anruf – er blättert, trägt etwas ein, sagt: „Wir freuen uns." Immer wieder aber sagt er mit der Stimme eines Kondolanten: „Tut mir leid. Wir sind an dem Tag total ausgebucht." Der gebürtige Marokkaner, Ex-Oberkellner und seit 32 Jahren Mitarbeiter, ist eigentlich im Ruhestand, aber wenn der „Chef" ruft, ist er vor Ort.

HEIDRUN ALEXY

DIE FRAU IM HINTERGRUND

Sie sei eine treue Seele, sagt Heidrun Alexy von sich selbst. Seit 1973 arbeitet sie mit Rüdiger Kowalke zusammen. „Mädchen für alles", wie sie sagt. Ihr Reich liegt ein Stockwerk über dem Restaurant: ein kleiner Raum, vollgestellt mit zwei Schreibtischen und Aktenregalen. „An Rüdiger schätze ich, dass er nie etwas auf morgen verschiebt, alles muss sofort erledigt werden." Er reagiere allerdings ungeduldig, wenn man seinem Gedankengang nicht schnell genug folgen kann. Und was ihn in ihren Augen besonders auszeichnet: Er kümmert sich um seine Leute, wenn sie Sorgen haben, wenn sie krank sind, dann ist er da. Und noch eine Sache imponiert ihr: „Mit welcher Höflichkeit er die farbigen Hilfskräfte behandelt, die von einer Firma als Abwäscher gestellt werden."

MARKENPHILOSOPHIE Alles, was der Gast sieht, riecht, fühlt, steht für das Label „Fischereihafen Restaurant".

CHAINE DES ROTISSEURS
1248 - 1950

RESTAURANT

MISE EN PLACE, AUFGEDECKT! Klingt einfach. Aber zuvor muss das Silber geputzt, müssen die Servietten gewaschen, die Gläser gespült sein. Gut tausend Servietten und Gläser dekorieren täglich die Tische. Beim Geschirr sorgt eine neue Spezialmaschine für absolute Reinlichkeit.

SPIEGELBILD Der Schein der Morgensonne reflektiert die Terrasse mit ihren 50 Plätzen in den Panoramascheiben des Restaurants.

Michael Scherer, Küchenchef ►

KEIN SCHNICKSCHNACK, KLASSISCH, BODENSTÄNDIG:

Steinbutt, Meerrettichsauce, Gurkensalat. Solche Gerichte haben das Haus groß gemacht. Schon als Gast war dies mein Lieblingsrestaurant. Ich hatte vorher in Michelin-gekrönten Häusern gearbeitet, mit 60 Gästen pro Tag. Hier kommen oft 400. Das sind unterschiedliche Welten. Ich schätze die asiatische Küche. Zweimal im Jahr treffe ich Kollegen in Thailand. Wenn ich dann einen Salat aus grünen Papaya kreiere, findet Rüdiger das gut. Pulpo konnte ich ihm allerdings nicht schmackhaft machen. Ich bewundere seine Begeisterung, mit der er den Laden führt, und die Verbundenheit zu den Angestellten. Ich musste ihm mein Wort geben, die nächsten 30 Jahre hier zu kochen.

◄ **MICHAEL SAUTER,** Küchenchef

EIGENTLICH WOLLTE ICH NUR EIN HALBES JAHR BLEIBEN.

Jetzt bin ich schon seit 30 Jahren hier. Man bleibt ja nur da, wo man sich wohl fühlt. Stressbewältigung ist das Erste, das man hier lernen muss. Jeden Mittag 150, jeden Abend 200 Gedecke. Eine Menge Holz. Natürlich bin ich mit Rüdiger Kowalke auch mal zusammengerasselt. Eine Episode: Der Laden ist brechend voll. Die Bestellungen stapeln sich. Er kommt in die Küche, grummelt: „Das Sauerkraut ist zu sauer, ein Gast hat sich beschwert." Ich: „Kochen Sie doch das Sauerkraut selbst, damit es dem Gast schmeckt." Am nächsten Tag haben wir uns ausgesprochen. Er ist nie nachtragend.

Jens Klunker, Küchenchef

BEKANNTSCHAFT AUS DEM KINDERWAGEN

Solange ich denken kann, kenne ich Rüdiger. Ich bin ja aufgewachsen mit dem Namen Fischereihafen Restaurant, mit Geschichten über Probleme, Erfolge, Zukunftsideen. Wenn mein Vater und er zusammensaßen, wurde über Umbauten gesprochen, Anschaffungen wurden diskutiert, wie viel Plätze belegt waren, welches Rezept neu auf die Karte kommen soll und welches Gericht nicht läuft – über solche Sachen. Mein Vater war ja mehr als ein langjähriger Küchenchef. Die beiden sind bis heute befreundet.

Ich bin im Dunstkreis des Fischereihafen Restaurants aufgewachsen. Schon als Schüler habe ich hier in der Küche geholfen. Natürlich wollte ich Koch werden. Im „Landhaus Scherrer" an der Elbchaussee habe ich gelernt, später dann als Küchenchef im „Fischmarkt" an der Ditmar-Koel-Straße gearbeitet. Als mich dann Rüdiger fragte, ob ich nicht bei ihm Küchenchef werden wollte, hatte sich für mich ein Traum erfüllt. Mein Vater war noch Alleinherrscher in der Küche. Wir sind heute zu dritt. Anders ist die Arbeit nicht mehr zu bewältigen. Eine 50-Stunden-Woche ist bei uns sowieso das Normale. Wir bereiten oft auch Gerichte zu, die nicht auf der Karte stehen. Fischstäbchen zum Beispiel , wenn ein Kind das wünscht. Oder für Allergiker, die bestimmte Sachen nicht vertragen können.

In manchen Häusern ist die Garnitur üppiger als das Gericht. Wir verzichten eigentlich völlig darauf. Der Gast soll das Produkt sehen. Auch darum wird bei uns die Sauce meistens extra serviert. Was auf der Karte steht, haben wir in der Küche mehrmals gekocht, probiert, verändert. Rüdiger hat eine ausgesprochen feine Zunge.

PFANNENSPIEL Oft muss in der Küche zweihändig gearbeitet werden, wie hier Scherers Doppelgriff an Topf und Pfanne. 400 Gerichte Tag für Tag erfordern von der Küchenbrigade volle Konzentration, Könnerschaft und handwerkliches Geschick.

IM MITTELPUNKT DAS NAGELBRETT Alles muss vorbereitet sein, bevor die Schlacht beginnt. Damit Küche und Service wissen, was von wem bestellt wurde, dient ein simples Nagelbrett zur Kontrolle. Der Kellner bont die Bestellung des Gastes an der Kasse. Der Küchenchef annonciert sie der Brigade und spießt den Bon auf das Nagelbrett. Ist das Gericht zubereitet, landet der Bon eingerissen und damit entwertet neben dem bestellten Gericht. Für die Küche ist die Sache erledigt – der Kellner trägt das Gericht zum Gast.

Steffi Roxin, Oberkellnerin

MEHR ALS MEIN HALBES LEBEN

habe ich hier gearbeitet. Seit 1988, und habe es nie bereut. Restaurantfrau habe ich gelernt und später mit meinem Mann ein eigenes Lokal geführt. Aber das ging schief. Rüdiger Kowalke ist für mich der ideale Arbeitgeber. Er nennt mich Steffi, für mich ist und bleibt er „der Chef". Was Arbeitsdisziplin, Korrektheit und Freundlichkeit angeht, ist er mein Vorbild. Er kann auch mal streng werden, aber nachtragend ist er nie. „Beschäftigen wir denn hier nur Amateure?", ist so ein Spruch, wenn er sauer ist. Dann sollte man ihn lieber nicht ansprechen. Irgendwann ernannte er mich zur Oberkellnerin. Wir sind im Servicebereich eine Mannschaft von 24 Kellnern und Kellnerinnen. 2008, als er mit Collien und Waller ins Hansa-Theater am Steindamm in St. Georg einstieg, wurde ich dort zuständig für den Service. Ich habe es gewertet, als Zeichen des Vertrauens.

ANTONIO BARBUTO, Oberkellner

EIN MANN FÜR ALLE FÄLLE

Wenn Not am Mann ist, an der Bar oder bei auswärtigen Banketts, werde ich vom Chef gerufen. Das Vertrauen ehrt mich. Ich habe viel von ihm gelernt. Er hat mir gezeigt, die Besonderheit jedes Gastes aufzuspüren. Bevor ich vor zehn Jahren hier anfing, hatte ich in einem italienischen Restaurant gearbeitet. Da war jeder Gast dein Kumpel: Schulterklopfen, Grappa gratis, ciao bella – Trattoria-Besucher lieben das. Hier läuft das wesentlich differenzierter, jeder Gast wird individuell behandelt. Darin ist Herr Kowalke unübertroffen. Wahrscheinlich deshalb, weil er ein Menschenfreund ist.

SIMONE CARRELL, Oberkellnerin ▶

PASSENDER WEIN ZUM FEINEN ESSEN

Mein Mann Rudi Carrell und ich hatten Rüdiger und Susanne als Gäste kennen- und schätzen gelernt. Wir spielten gemeinsam Golf, besuchten uns gegenseitig. Als Rudi 2006 starb, brauchte ich Zeit, um wieder einen Lebensmittelpunkt zu finden. Rüdigers Angebot kam im rechten Augenblick. Ich wollte wieder arbeiten, und der Job als Oberkellnerin entsprach meiner Ausbildung. Ich hatte nach dem Abitur in Magdeburg eine Kochlehre gemacht und Ökonomie des Gaststätten- und Hotelwesens studiert. Heute berate ich besonders gern die Gäste dabei, zu den feinen Gerichten den passenden Wein zu genießen.

◀ **Stefan Huß,** Oberkellner

WAS SOLL ICH ÜBER EINEN CHEF SAGEN,

der genau weiß, was er will und was er von einem erwartet? Wie er es sich vorstellt und wie er es ausgeführt haben will. Bei ihm – immer klare Ansage! Ein Chef, der alles immer im Auge hat und bei Bedarf auch sofort reagiert. Der immer ein offenes Ohr hat – nicht nur für seine Gäste.
Was soll ich über Herrn Kowalke sagen, einen Chef, der mir bei privaten Problemen den Rücken freihält?
Was soll ich über einen Chef sagen, der auch bei Fehlverhalten nicht nachtragend ist? Was bleibt zu sagen über einen Mann, der weiß, was er will? Danke, Herr Kowalke, für zwölf gemeinsame Jahre! Und Hut ab vor Ihrem Lebenswerk, dem Fischereihafen Restaurant.

Slobodan Milojica, Oberkellner

MIT KNAPP 18 HABE ICH MICH HIER VORGESTELLT.

Ein piekfeiner Laden, natürlich war ich ein bisschen aufgeregt, Der Chef hatte ein paar Fragen: Wo ich herkomme? Aha, Jugoslawien. Was meine Eltern machen? Seit wann wir in Hamburg leben? Was ich bisher gemacht habe? Er musterte mich von oben bis unten und sagte: Lass dir die Haare schneiden, nächste Woche kannst du anfangen.
Mein Gott, das ist jetzt 32 Jahre her. Herr Kowalke blieb immer der Chef, wurde aber auch ein Freund. Einmal hatte ich nachts einen schrecklichen Gichtanfall. In meiner Panik habe ich ihn um 4.30 Uhr angerufen. Er hat sofort einen befreundeten Arzt alarmiert.
Dann die Sache mit dem Haus. Ich brauchte Geld für eine Renovierung. Er ist sofort eingesprungen. Es war eine ganz schöne Summe, die er vorgeschossen hat – ohne Zinsen. Bei Nachlässigkeiten kann er sehr ungemütlich werden. Aber er kann auch großzügig darüber hinweggucken, wenn er merkt, dass man sich selbst am meisten ärgert. Wir hatten einmal am gleichen Tag zwei Gesellschaften zu je 30 Gästen, und ich vertauschte die jeweiligen Vorspeisen der vorbestellten Menüs. War mir unendlich peinlich. Er hatte das natürlich bemerkt – und auch, wie sehr ich mich geärgert habe. „Trink erst mal einen Schnaps." Damit war die Sache für ihn erledigt.

Richard „Richi“ Chaniewski,
Keeper der „Oyster Bar“

AM TRESEN VOM „HOTEL MARRIOTT“ BESTELLTE RÜDIGER KOWALKE EINEN GIN TONIC.

Das war vor gut 17 Jahren. Und er sagte beiläufig: „Richi, ich habe für dich die ideale Bar. Ist zwar noch im Bau, aber guck sie dir mal an.“ Das habe ich getan. Viel sehen konnte ich nicht, kaum mehr als eine Abdeckfolie, hinter der Tischler werkelten. Aber ich kannte Rüdiger Kowalke vom „Atlantic Hotel“ und von der „Insel“, wo er gern ein Glas Champagner trank oder im Sommer einen Gin Tonic. Ein erfolgreicher Geschäftsmann, wie man mir sagte, der stets freundlich und höflich auftrat. Ein Gentleman – davon gibt es ja nicht mehr so viele. Gute Barkeeper sind gute Menschenkenner. Sein Handschlag und sein Wort: „Die Bar kannst du führen wie deine eigene“, genügten mir als Zukunftssicherung. Ich habe es nie bereut. Durch Dirk Kowalke kommen auch eine Menge junger Leute, die es sich abends hier am Tresen bei anregenden Gesprächen und guten Drinks gut gehen lassen. Und ich genieße es, dass sie es genießen.

OYSTER
BAR
Lanson

MATHIAS INGWERSEN, DR. TINA INGWERSEN-MATTHIESEN

GUTES FÜR DEN LEIB IST LUST FÜR DIE SEELE

Da kamen zwei zusammen, die zusammengehören: Borco, eines der letzten unabhängigen Familienunternehmen Deutschlands mit einer weitgefächerten Palette an weltbekannten Spirituosen, und das Fischereihafen Restaurant mit seiner munteren Schar an Gästen, die einen guten Schluck zu schätzen wissen. Seit 16 Jahren fungiert Borco sozusagen als Hoflieferant aller geistigen Getränke im Fischereihafen Restaurant. In der dritten Generation entwickelten die Inhaber Tina Ingwersen-Matthiesen, promovierte Psychologin, und ihr Ehemann Mathias Ingwersen, diplomierter Volkswirt, zunehmend eigene Marken und nahmen hochwertige Produkte aus allen Teilen der Welt in ihr Portfolio auf. Keine Sparte fehlt. Das beginnt mit Likören und reicht über Sherry bis zu Obstbrand, Whisk(e)y- und Rumsorten, Wein und auch alkoholfreien Getränken. Der edle Champagner Lanson und der Helbing Kümmel, Hamburgs bekannteste und älteste Spirituose – die „Helbingsche Dampf-Kornbrennerei" wurde 1836 gegründet –, sind die wichtigsten Pfeiler der Firma. Allein beim diesjährigen Matjesfest in der Fischauktionshalle wurden gut hundert Liter des hanseatischen Nationalgetränks gekippt. Dass genüssliches Trinken Grenzen zwischen Menschen und sogar zwischen Nationen überwindet, wusste schon Otto von Bismarck. Sein Patriotismus ende bei seinem Magen, antwortete er seinem Kaiser, als der monierte, dass der Reichskanzler Champagner trank statt deutschen Schaumweins. Poetischer formulierte es Winston Churchill: „Man soll dem Leib etwas Gutes bieten, damit die Seele Lust hat, darin zu wohnen."

LANSON

ABENDLICHES SCHAUSPIEL An lauen Sommerabenden ist jeder Terrassenplatz belegt. Den Besuchern bietet sich ein grandioser Blick auf den Elbstrom. Im Hintergrund türmen sich die Kräne der Hamburger Containerterminals. Ausgefahren überragen sie die Hamburger Michaeliskirche. 85 Millionen Tonnen Ware werden von dort aus in alle Erdteile verschifft.

EREIHAFEN
TAURANT
elbkaihaus.de

OLIVER BÖKER, Wagenmeister

DER SERVICE BEGINNT VOR DER HAUSTÜR

Gleich, ob der Gast im Rolls-Royce vorfährt oder im Fiat 500, alle werden gleich bedient. Der Gast drückt Oliver Böker oder seinem Kollegen Michael Fuchs den Autoschlüssel in die Hand. Die sorgen für einen sicheren Parkplatz. Was bei dem Andrang durchaus eine knifflige Sache ist. Gut 100 Autos müssen die beiden täglich rangieren – mittags mehr als abends. Zu später Stund fahren häufiger Taxen vor, um fröhliche Gäste sicher nach Hause zu bringen. Die Idee der Wagenmeister hat Rüdiger Kowalke aus den USA mitgebracht. Was eigentlich als PR-Gag gedacht war, hat sich als eine überaus sinnvolle Einrichtung erwiesen.

MEINE GÄSTE

VIER EHERNE REGELN

ERSTKLASSIGE QUALITÄT

PERSÖNLICHE PRÄSENZ

VERNÜNFTIGES
PREIS-LEISTUNGS-VERHÄLTNIS

HERZLICHE FAMILIÄRE ATMOSPHÄRE

ALLE VIER PUNKTE MÜSSEN JEDEN TAG ERFÜLLT WERDEN –
JEDEN TAG IM JAHR

AN PROMINENTE GÄSTE HABE ICH MICH IM LAUFE MEINES GASTRONOMISCHEN LEBENS GEWÖHNT.

DAS VERURSACHT BEI MIR KEIN LAMPENFIEBER MEHR. ABER DIESER ANRUF AUS DEM RATHAUS FUHR MIR DOCH IN DIE GLIEDER.

„Bitte", hieß es etwa im Wortsinn, „bereiten Sie ein Vier-Gänge-Menü für Prinz Charles und Lady Di vor. Und bitte eine typische hamburgische Speisefolge." Kurze Besprechung mit dem Küchenchef, dann war klar, was wir auftischen wollten: Räucheraal, Labskaus mit Wachtelei, Hamburger Pannfisch. Danach einen Kümmel, wie es sich gehört. Das Problem war nur, das hochherrschaftliche Mahl sollte nicht bei mir im Restaurant serviert werden, sondern auf einer Barkasse zwischen Landungsbrücken und Teufelsbrück. Das hieß, für Zubereitung und Service von vier Gängen hatte ich nur 60 Minuten Zeit. Und das auf engem Raum in fremder Umgebung. Das war in einer Stunde nicht zu schaffen.

Mit dem Barkassenführer hatte ich deshalb eine kleine, freundschaftliche Unterredung. Die 120 Journalisten, die im Schlepptau des königlichen Gefährts schipperten, spekulierten später, ob der Mann am Ruder nicht möglicherweise betrunken war. Die Barkasse fuhr keineswegs den geraden Weg nach Teufelsbrück wie angekündigt. Sie machte weite Bogen und Schlenker, bis sie endlich weit über der Zeit ihr Ziel erreichte.

Ich hatte mir ein paar englische Floskeln zurechtgelegt, um ein paar Worte über die Menüfolge zu sagen. Die Königlichen Hoheiten lobten die für sie ungewohnte Kost, und Lady Di genoß den Kümmel danach, ohne mit der Wimper zu zucken.

„IM AUFTRAG SEINER MAJESTÄT …“ kam Sean Connery in diesem Fall nicht, sondern auf eigenen Wunsch. Sir Thomas Sean war begeistert und gelobte, bald wieder einzukehren.

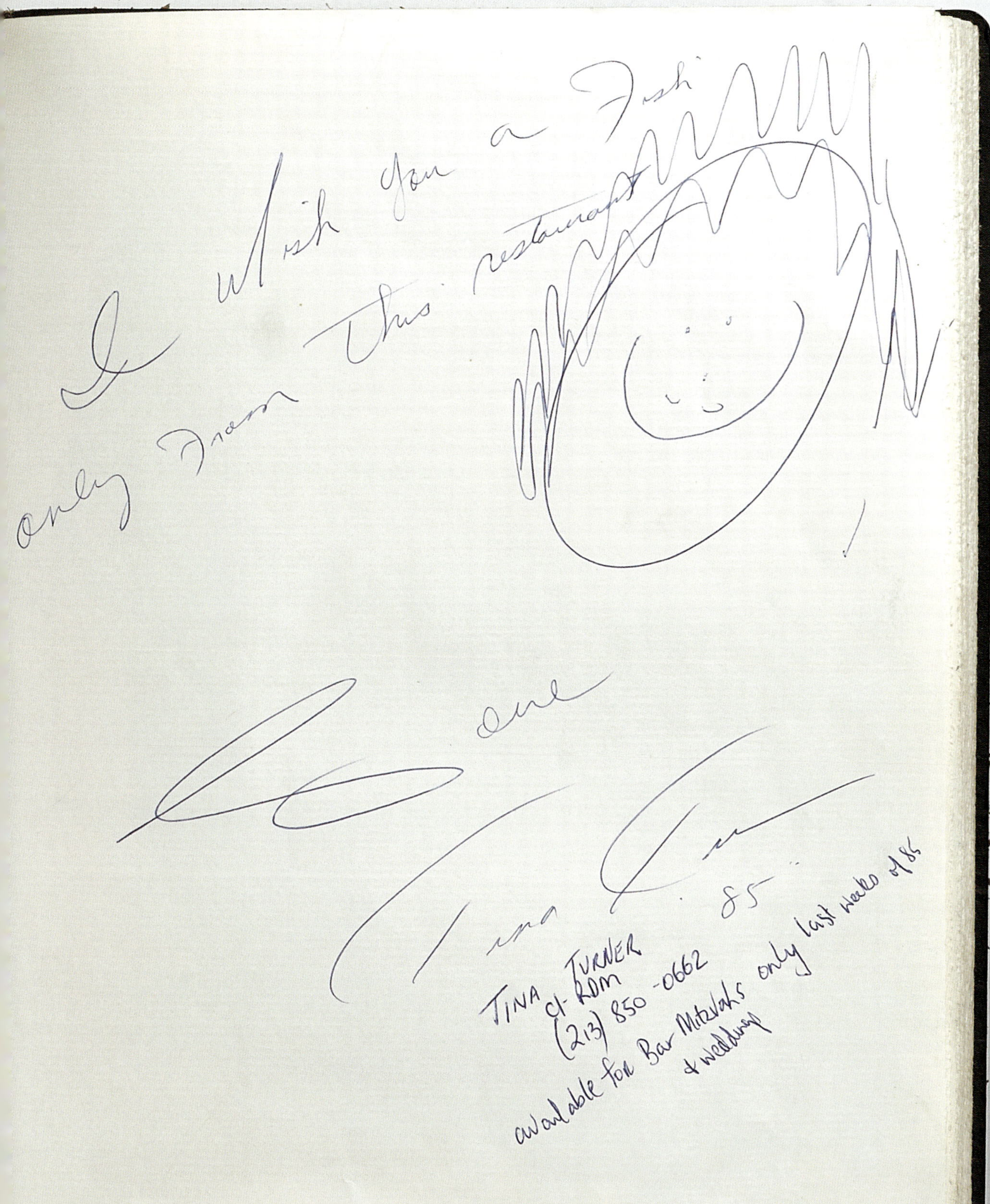

„BREAK EVERY RULE" Im Fischereihafen Restaurant brach Tina Turner keine einzige Regel. Sie war ein freundlicher, angenehmer Gast. Das Album mit dem aufrührerischen Titel hatte sie gerade fertiggestellt. Im Jahr darauf, 1986, wurde es ein Riesenerfolg mit Songs wie „What's Love Got to Do with It" oder „Typical Man".

GÜNTHER JAUCH

PLÁCIDO DOMINGO

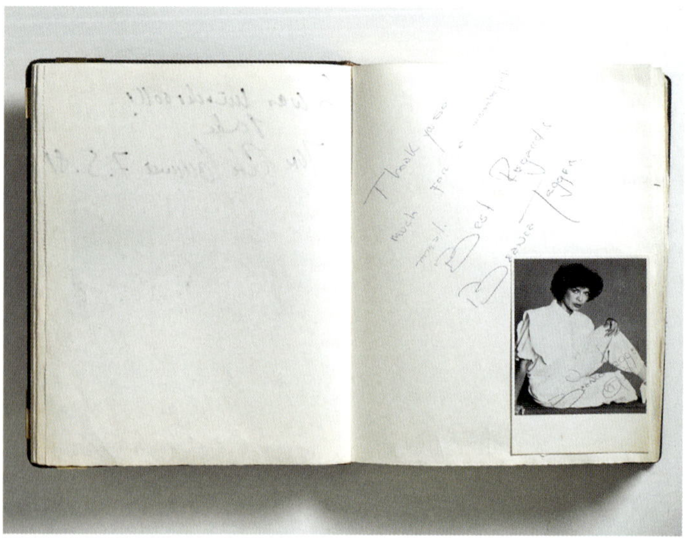

BIANCA JAGGER

SHERYL CROW

DAVID HASSELHOFF

MICHAEL DOUGLAS

BORIS BECKER

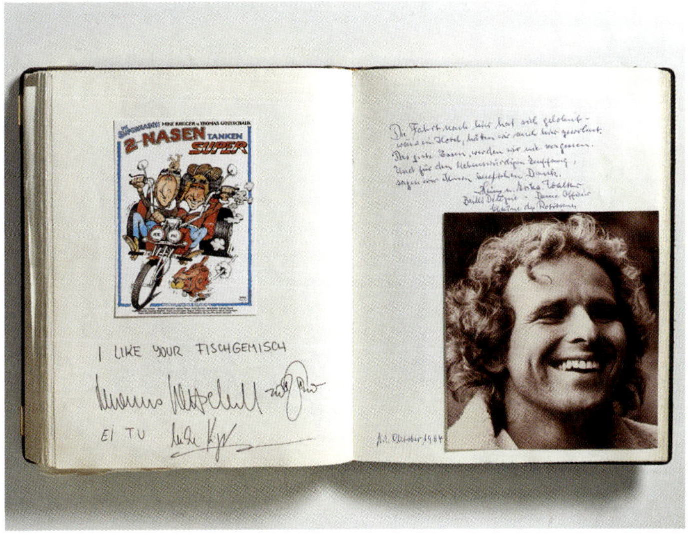

THOMAS GOTTSCHALK

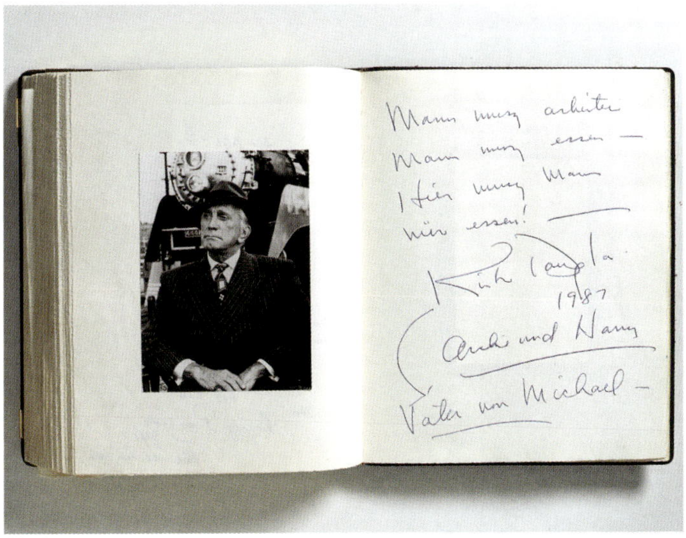

KIRK DOUGLAS

WOLFGANG REITHERMAN

MEL BROOKS

WOODY ALLEN

DER PATRIARCH ALS STAMMGAST Sicher 20-mal gab uns Helmut Kohl die Ehre. Wir wussten schon im Voraus, was er bestellen würde: Räucheraal auf Rührei, Schellfisch in Senfsauce, dazu eine Flasche guten Pfälzer Wein. Die Frage „Dessert – ja oder nein", richtete sich danach, ob er gerade auf seine Linie achtete oder nicht. Oftmals bestellte er als Dessert noch einmal seinen geliebten Räucheraal auf Rührei.

EINE FRAU MERKEL RIEF AN ... Lahsen Mekhchoun blätterte in dem Bestellbuch. Er müsse bedauern, sagte er zu der Dame am Telefon, zu dem Zeitpunkt sei heute kein Platz frei. Aber wenn sie und ihr Begleiter an der Bar einen Drink nehmen wollten, würde zu einem späteren Zeitpunkt sicher ein Tisch frei werden. Die Anruferin war einverstanden. Dirk Kowalke traf fast der Schlag, als am Abend die Bundeskanzlerin in Begleitung ihres Ehemanns Professor Sauer vor ihm stand. Von Sicherheitsleuten keine Spur. Natürlich fand sich schnell ein Tisch. Stillvergnügt ohne jedes Aufsehen genossen Angela Merkel und ihr Mann den Abend.

STILLER ABEND MIT „THE GREATEST" Ganz in sich gekehrt saß Muhammad Ali an seinem Tisch. Die Parkinsonkrankheit hatte den „Sportler des Jahrhunderts" deutlich gezeichnet. Man erinnerte sich an den Spruch aus seiner Glanzzeit „Float like a butterfly, sting like a bee" („Schwebe wie ein Schmetterling, stich wie eine Biene") ... und wurde traurig.

BEI TOMI UNGERER, dem Allround-Künstler aus dem Elsass, haben Fische durchaus eine erotische Komponente. Der Grafiker, Schriftsteller und Illustrator von wunderbaren Kinderbüchern und Büchern, die Erwachsene vor Kindern lieber verstecken sollten, liebt den Blick über die Elbe.

DIE TASSEN HOCH – Weinseliger Medientreff mit Werner E. Klatten („Spiegel"), Heiner Bremer („Stern"), Hans-Hermann Tiedje („Bild") und dem TV-Moderator Michael Schanze.

60. GEBURTSTAG AUF SYLT mit Uwe Seeler, Franz Beckenbauer und Ehefrau Heidi.

TRADITIONELLES TREFFEN der Sprecher von Tagesschau und Tagesthemen.

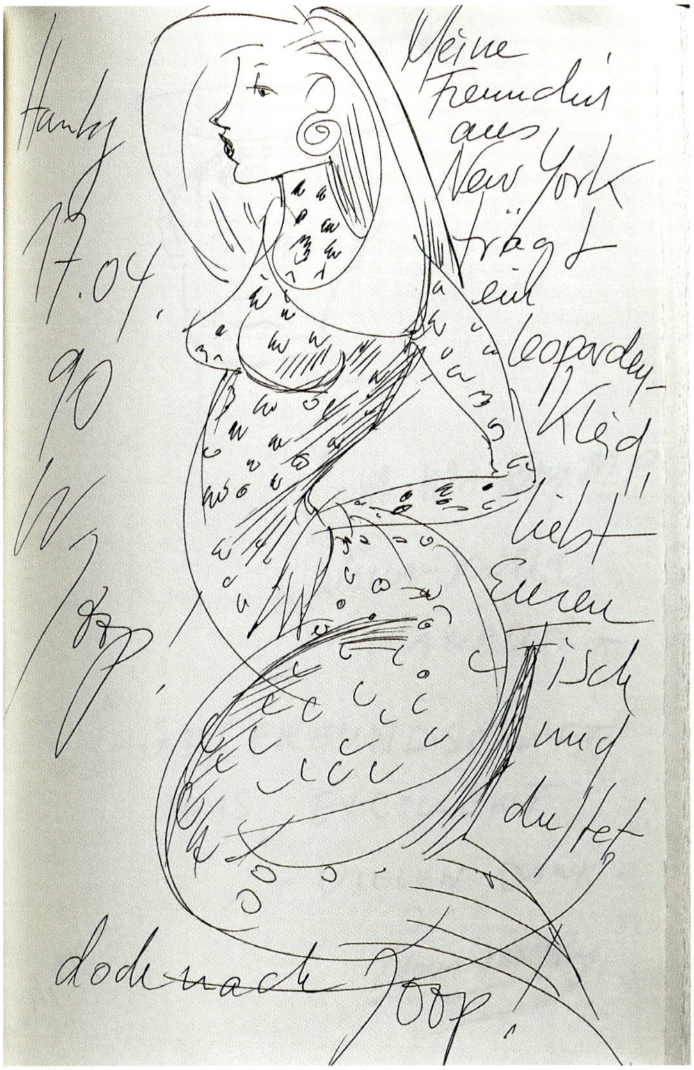

GEZEICHNETES DANKESCHÖN IM GÄSTEBUCH Wolfgang Joop verbindet die Anerkennung mit ein wenig Werbung für sein Parfüm. OTTO, der schon im Eröffnungsjahr Stammgast wurde, schätzt bis heute Seezunge in jeder Variation.

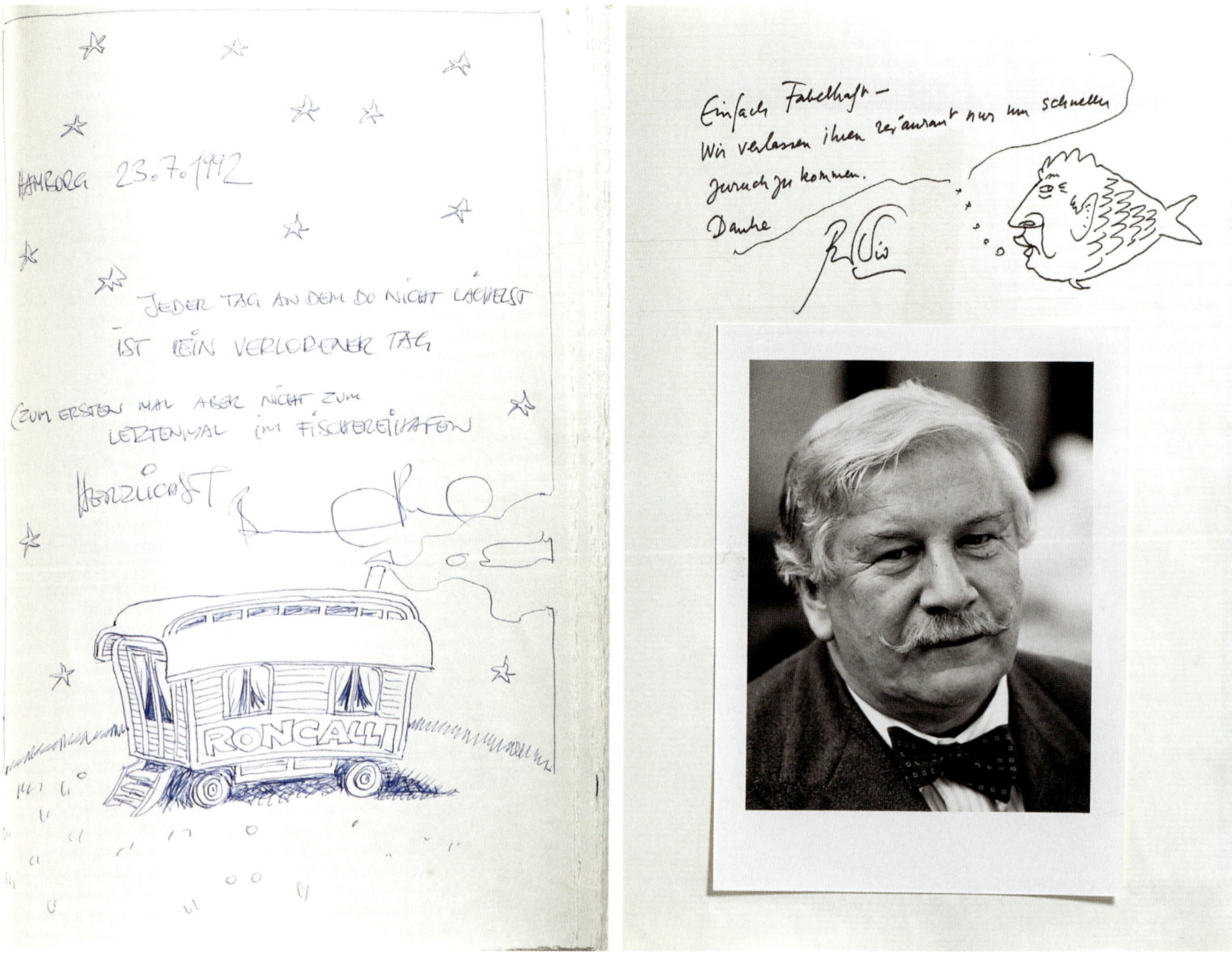

EIN WOHNWAGEN VON BERNHARD PAUL, dem begnadeten Regisseur und Clown, der mit seinem Zirkus Roncalli ständig auf Achse ist.

DER ZWEIFACHE OSCARGEWINNER SIR PETER USTINOV zeichnete sich als Fisch, der Lobesworte blubbert. Für beide passt der Ustinov-Spruch: Humor ist einfach eine komische Art, ernst zu sein.

DER EWIGE UDO, wie stets erkennungsmäßig getarnt mit Hut und Sonnenbrille.

PETER HOFMANN, der Tenor, der auch rocken konnte, mit der Berufskollegin Anna Maria Kaufmann, auch sie doppelbegabt als Opern- und Musicalstar. Ob Manfred Kaltz neben Fußball spielen auch singen kann, ist nicht bekannt.

DER SPANISCHE WELTSTAR PLÁCIDO DOMINGO war zweifellos der vielseitigste Tenor seiner Zeit. In über 130 Rollen stand der schöne Mann auf der Opernbühne.

ZANUSSI

MEINE REZEPTE

VOM GASTROPROFI FÜR DEN HOBBYKOCH

FÜR ALLE, DIE GENIESSEN KÖNNEN, EINE AUSWAHL UNSERER BELIEBTESTEN GERICHTE.

BEI DER REZEPTAUSWAHL VON CHEFKOCH MICHAEL SCHERER IST ES WIE BEIM KOCHEN – ES KOMMT AUF DIE RICHTIGE DOSIERUNG AN. HUMMER, AUSTERN, SEEZUNGE ODER THUNFISCH – WUNDERBAR, ABER KAUM ALLTÄGLICHE GENÜSSE. EHER ETWAS FÜR FESTLICHE ANLÄSSE. FÜRS TÄGLICHE GEHT ES AUCH EINFACHER UND PREISGÜNSTIGER. DAS BEWEISEN WIR IM FISCHEREIHAFEN RESTAURANT UND HIER BEI DEN REZEPTEN. SCHLIESSLICH MACHT ERST DIE ABWECHSLUNG DAS LEBEN INTERESSANT – AUCH DAS KULINARISCHE. EIN GUTER KOCH, OB PROFESSIONELL ODER AM HEIMISCHEN HERD, IST EIN FACHMANN IN SACHEN LEBENSQUALITÄT.

VORSPEISEN

„ESSEN IST
EIN BEDÜRFNIS,
GENIESSEN
EINE KUNST."

VOLKSMUND

BOUILLABAISSE VON NORDSEEFISCHEN

BRÜHE

Die Steinbuttgräten waschen und zerkleinern. Zusammen mit dem gewaschenen, klein geschnittenen Gemüse und dem Knoblauch anschwitzen. Mit Fischfond, Weißwein und Pernod auffüllen. Gewürze und Kräuter dazugeben, einmal aufkochen und 20 Minuten ziehen lassen.

Anschließend durch ein feines Sieb mit Tuch geben.

BOUILLABAISSE

Die Schalotten mit den Gemüserauten in Olivenöl anschwitzen. Mit der Fischbrühe auffüllen und zum Kochen bringen.Die Fischfilets, Jakobsmuscheln und Gambas in kleine mundgerechte Stücke schneiden und mit Salz, Pfeffer würzen.

Den Fisch in die kochende Brühe geben und darin ca. 6–8 Minuten ziehen lassen. Zum Schluss das Hummerfleisch und die feinen Kräuter dazugeben. Nochmals mit Salz, Pfeffer und Pernod abschmecken.

Mit gerösteten Weißbrotscheiben servieren.

ZUTATEN

BRÜHE

- 1 kg Steinbuttgräten
- ½ l Fischfond
- ½ l trockener Weißwein
- 4 cl Pernod
- 1 Knoblauchzehe gehackt
- 3 EL Olivenöl
- 1 Stange Lauch
- 100 g Fenchel
- 80 g Sellerie
- 4 Schalotten
- 1 Lorbeerblatt
- 2 Nelken
- 5 Wacholderbeeren
- 10 Safranfäden
- Salz, Pfeffer

BOUILLABAISSE

- 2 EL Schalottenwürfel
- Gemüseeinlage (Lauch, Karotte, Sellerie, Tomate) in Rauten geschnitten
- 2 EL Olivenöl
- 200 g Steinbuttfilet
- 200 g Kabeljaufilet
- 100 g Lachsfilet ohne Haut
- 4 Gambas 8/12 ohne Kopf und Schale
- 4 Jakobsmuscheln
- 1 ausgelöster Hummer
- 30 g Kräuter fein geschnitten (Kerbel, Schnittlauch, Petersilie)
- Pernod
- Salz, Pfeffer

Fischfond – notfalls kaufen

BÜFFELMOZZARELLA MIT MARINIERTEN STRAUCHTOMATEN, BASILIKUMSORBET UND PINIENKERNEN

ZUTATEN

SORBET

- 100 g Zucker
- 100 ml Wasser
- 1 Limette (Abrieb und Saft)
- 30 g Basilikumblätter
- 250 g Joghurt 3,5 %
- 1 Prise Salz
- • Cayennepfeffer

MOZZARELLA FÜR DIE MARINADE

- 250 g Büffelmozzarella
- 250 g Strauchtomaten enthäutet

- 25 ml Balsamicoessig dunkel
- 25 ml Olivenöl
- 25 ml Hühnerbrühe
- 1 EL Honig
- • Pinienkerne geröstet

SORBET

Aus dem Zucker, Wasser und Limonenabrieb einen Sirup kochen und abkühlen lassen. Basilikum mit dem Joghurt und dem Sirup in einer Küchenmaschine gut mixen. Mit dem Limonensaft, einer Prise Salz und etwas Cayenne abschmecken. Für ca. 6–8 Stunden im Tiefkühlfach gefrieren lassen. Dabei immer wieder gut durchrühren, damit es gleichmäßig friert und cremig wird.

MOZZARELLA MIT TOMATEN

Mozzarella und Tomaten in mundgerechte Stücke schneiden und auf einem vorgekühlten Teller anrichten und mit Salz und Pfeffer aus der Mühle würzen. Die Zutaten für die Marinade verrühren und abschmecken. Die Marinade über den Tomaten-Mozzarella-Salat geben.

Mit einer Kugel Basilikumsorbet und gerösteten Pinienkernen servieren.

leichte Vorspeise
für den Sommer

CARPACCIO UND SPICY TATAR VOM THUNFISCH

CARPACCIO

Das rohe Thunfischfilet zuerst in Frischhaltefolie und dann in Alufolie einrollen und die Seiten unter viel Spannung wie ein Bonbon eindrehen. Für drei Stunden in den Tiefkühlschrank legen und gut durchfrieren lassen. Die restlichen Zutaten zu einer Marinade verrühren.

TATAR

Thunfischfilet mit einem scharfen Messer in feine Würfel schneiden, mit den Schalottenwürfeln, gehackter Chilischote, Soja und Limone abschmecken. Olivenöl dazugeben.

Das gefrorene Carpaccio auspacken, mit der Aufschnittmaschine in dünne Scheiben schneiden und die Teller damit belegen. Carpacciomarinade gleichmäßig mit einem Pinsel auf dem Thunfisch verteilen. Mit grobem Meersalz und Pfeffer aus der Mühle würzen.

Aus dem Tatar mit zwei Löffeln eine Nocke formen und auf das Carpaccio setzen. Mit Crème fraîche, eingelegtem Ingwer, Kresse und feinem Salat garnieren.

ZUTATEN

CARPACCIO

- 400 g Thunfischfilet in Sashimiqualität
- 1 EL Sesamöl
- 2 EL Sojasauce
- 2 EL Traubenkernöl
- 2 EL Hühnerbrühe
- etwas Limonensaft
- grobes Meersalz
- schwarzer Pfeffer aus der Mühle

TATAR

- 200 g Thunfisch in Sashimiqualität
- 1 Schalotte fein gewürfelt
- ½ Chilischote ohne Samen, fein gehackt
- 1 EL helle Sojasauce
- ½ Limone (Abrieb und Saft)
- 1 EL Olivenöl

Pizza mal anders

KNUSPRIGE MINIPIZZA MIT GAMBAS UND RUCOLA

ZUTATEN

SAUCE

- 100 g reife Dosentomaten
- etwas Olivenöl
- Salz, Pfeffer, Oregano, Basilikum

TEIG

- 12 g frische Hefe
- 250 g Mehl
- 1 Prise Zucker
- 1 Prise Salz
- 4 EL Olivenöl
- 1 Eigelb

BELAG

- 8 Gambas ohne Kopf und Schale der Länge nach halbiert
- je 2 grüne und rote Peperoni in Scheiben
- 1 EL getrocknete Tomaten in Würfel
- je 1 gelbe und rote Paprika in Würfel
- 1 Bund feiner Frühlingslauch in Ringe schneiden
- 2 EL geriebener Parmesan
- 100 g Rucola

SAUCE

Alle Zutaten in ein Gefäß geben, mit einem Stabmixer pürieren und mit Salz und Pfeffer abschmecken.

TEIG

Hefe und Zucker in 100 ml lauwarmem Wasser auflösen. Die restlichen Zutaten dazugeben und zu einem glatten Teig kneten. Ca. 45 Minuten abgedeckt an einem warmen Ort gehen lassen.

Den fertigen Pizzateig gut durchkneten und auf einer bemehlten Fläche mit einem Holz dünn ausrollen. 4 Minipizzen mit einem Durchmesser von ca. 15 cm mit Hilfe eines kleinen Tellers herausschneiden. Die Böden auf ein mit Backpapier ausgelegtes Blech geben. Den Teigboden mehrmals mit einer Gabel einstechen, mit der Tomatensauce einstreichen und mit allen Zutaten bis auf den Rucola belegen. Die Pizza mit Parmesan bestreuen und bei ca. 200° im vorgeheizten Ofen ca. 20 Minuten backen.

Die Pizza mit etwas knackigem Rucola ausgarnieren und ofenfrisch servieren.

LABSKAUS „SEEMANNSART"

Die gepökelte Rinderbrust mit der gespickten Zwiebel und einem Bund Suppengrün großzügig mit Wasser bedecken und weich kochen. Die Kartoffeln in leicht gesalzenem Wasser kochen, bis sie zerfallen. Die Gewürzgurken schälen und entkernen. Gewürzgurken, Zwiebeln und die Hälfte der Roten Bete in feine Würfel schneiden und in Butter weich dünsten. Die weich gekochte Rinderbrust durch die grobe Scheibe eines Fleischwolfs drehen. Die gekochten Kartoffeln durch eine Presse geben und mit der gewolften Rinderbrust, dem angeschwitzten Gemüse und 500 ml der Brühe nochmals aufkochen.

Mit Salz und Pfeffer aus der Mühle abschmecken. Auf vorgewärmten Tellern anrichten und mit Spiegelei garnieren.

Als Beilage: eingelegte Rote Bete, Rollmops und Senfgurke. Das Labskaus kann als kleine Vorspeise oder Hauptgericht serviert werden.

ZUTATEN

800 g gepökelte Rinderbrust
1 gespickte Gemüsezwiebel (2 Nelken, 2 Lorbeerblätter)
1 Bund Suppengemüse
800 g geschälte Kartoffeln
2 Gewürzgurken
2 große Zwiebeln
150 g Rote Bete
• Butter
4 Eier
• Salz, Pfeffer
4 Rollmöpse

auch für Landratten

SUSHI VON THUNFISCH UND LACHS – ROH UND GEBACKEN –

ZUTATEN

250 g Sushireis
300 ml Wasser

FÜR DIE MARINADE

50 g Zucker
60 g Reisessig
15 g Salz

AUSSERDEM

4 Noriblätter
1 Bambusmatte
• Wasabipaste
300 g Thunfischfilet
1 Avocado
300 g Lachsfilet
4 Stangen gekochter grüner Spargel
100 g Tempuramehl
75 ml Wasser
• Pflanzenöl zum Ausbacken
• Teriyakisauce
• Sojasauce

Den Reis mit kaltem Wasser gründlich spülen, bis das Wasser klar bleibt. Sushireis mit 300 ml Wasser in den Reiskocher geben. Das Wasser sollte einen ½ cm über dem Reis stehen. Den Reis ca. 20 Minuten im Reiskocher nach Anleitung kochen.

Die Zutaten für die Marinade aufkochen. Wenn der Reis fertig ist, in eine Schüssel umfüllen und die Essigmischung mit einem Reislöffel unter den Reis ziehen. Dadurch kühlt der Reis auf Zimmertemperatur ab.

Jeweils ein Noriblatt auf eine Bambusmatte legen und den Sushireis gleichmäßig und locker darauf verteilen.

Für die Thunfischrolle den Reis mit etwas Wasabipaste einstreichen und mit Thunfischstreifen und Avocado belegen. Mit Hilfe der Bambusmatte zu einer Rolle formen und in 1 cm dicke Stücke schneiden.

Für das gebackene Lachs-Sushi genauso vorgehen, nur die Avocado durch grünen Spargel ersetzen. Aus Tempuramehl und Wasser einen dickflüssigen Teig herstellen. Die Sushirolle portionsweise durch den Teig ziehen und in heißem Ölbad ca. zwei Minuten goldbraun ausbacken. Die Sushirollen in 1 cm dicke Stücke schneiden und mit Teriyakisauce servieren.

Für das Sashimi das restliche Lachs- und Thunfischfilet mit einem scharfen Messer in nicht zu dicke Scheiben schneiden.

Dazu serviert man Sojasauce, eingelegten Ingwer und Wasabi.

Übung macht den Meister!

das A und O – die Muscheln müssen frisch sein

GEBRATENE JAKOBSMUSCHELN AUF SPINATRISOTTO MIT WEISSEM TRÜFFELSCHAUM

ZUTATEN

SPINATRISOTTO

800 ml Geflügelbrühe
6 EL Olivenöl
150 g Risottoreis
2 EL Schalottenwürfel
50 ml Prosecco
100 g junger Blattspinat
80 g geriebener Parmesan
1 EL geschlagene Sahne
• Salz, Pfeffer

TRÜFFELSCHAUM

100 ml trockener Weißwein
1 Schalotte in Würfeln
500 ml Fischfond
200 ml Crème double
30 g Butter
• weißes Trüffelöl

JAKOBSMUSCHELN

12 Jakobsmuscheln ausgelöst
• Olivenöl
• Salz, Pfeffer aus der Mühle

RISOTTO

Die Hühnerbrühe aufkochen und warm halten. In einem breiten, flachen Topf das Olivenöl erhitzen und den Risottoreis zusammen mit den Schalotten anschwitzen und leicht salzen. Mit dem Prosecco auffüllen und vollständig einkochen lassen.

Den Reis mit einem Teil der heißen Brühe knapp bedecken und unter ständigem Rühren in ca. 20 Minuten gar köcheln lassen, dabei immer wieder heiße Brühe nachgießen.

Dann den gewaschenen Spinat unter das Risotto geben, bis er zusammenfällt. Parmesan und geschlagene Sahne unterrühren.

Mit Salz und Pfeffer abschmecken.

TRÜFFELSCHAUM

Weißwein und die Schalottenwürfel ankochen, mit dem Fischfond auffüllen und auf ein Viertel reduzieren. Crème double dazugeben, 10 Minuten leicht köcheln lassen, durch ein Sieb gießen und mit Butter und Trüffelöl aufmixen, eventuell nachwürzen.

JAKOBSMUSCHELN

In einer Bratpfanne die Jakobsmuscheln in Olivenöl von beiden Seiten ca. 1–2 Minuten goldbraun braten.

Das Risotto auf einem vorgewärmten Teller anrichten. Die Jakobsmuscheln auf das Risotto setzen und mit dem Trüffelschaum umgießen.

Nach Belieben mit gehobeltem Trüffel garnieren.

RÄUCHERAAL AUF RÜHREI

ZUTATEN

4 Eier
1 EL Schnittlauchröllchen
• Salz, Pfeffer, Muskat
8 Vollkornbrotscheiben
40 g Butter
8 Räucheraalfilets à 50 g

Die Eier gut verrühren, den Schnittlauch dazugeben und mit Salz, Pfeffer, Muskat würzen. Das Vollkornbrot in etwas Butter braten. Restliche Butter in eine Pfanne geben und das Rührei herstellen. Das geröstete Brot auf einen Teller geben, erst das Rührei und dann den leicht angewärmten Aal daraufsetzen.

der ewige Klassiker!

Panko macht's knusprig

KANADISCHER KNUSPERHUMMER AUF BUNTEM KARTOFFELSALAT MIT LIMETTENSCHMAND

KARTOFFELSALAT

Die Kartoffeln in Salzwasser weichkochen, pellen und in Würfel von 1x1 cm schneiden. Die Schalottenwürfel mit dem Geflügelfond, Senf und Essig aufkochen und über die noch warmen Kartoffeln geben. Mit Salz und Pfeffer abschmecken.

Tomaten, Gurkenwürfel und etwas fein geschnittene Blattpetersilie unter den Salat mischen.

LIMETTENSCHMAND

Die Zutaten für den Limettenschmand in eine Schüssel geben, ordentlich verrühren und abschmecken.

HUMMER

Die Hummer so aus der Schale brechen, dass man jeweils vier ausgelöste Hummerscheren und vier halbe Hummerschwänze zur Verfügung hat. Die Hummerteile zuerst in Mehl wenden, dann durch das aufgeschlagene Ei ziehen und in dem Pankomehl panieren. Die panierten Hummerteile in geklärter Butter goldbraun ausbacken. Mit Salz und Pfeffer würzen und mit lauwarmem Kartoffelsalat und Limettenschmand servieren.

ZUTATEN

KARTOFFELSALAT

- 400 g festkochende Kartoffeln
- 1 Schalotte
- 100 ml Geflügelfond
- 1 Msp. scharfen Senf
- 50 ml Weißweinessig
- • Salz, Pfeffer aus der Mühle
- 1 große Fleischtomate
- ½ Salatgurke (geschält, entkernt)
- • Blattpetersilie

LIMETTENSCHMAND

- 50 g Crème fraîche
- 50 g Mascarpone
- 2 Limetten(Abrieb und Saft)
- • Salz, Cayennepfeffer, Zucker

HUMMER

- 2 gekochte Hummer à 600 g
- 4 Eier
- 50 g Mehl
- 200 g Panko (japanisches Paniermehl)

POTPOURRI VOM NEUEN HOLLÄNDISCHEN MATJES

ZUTATEN

12 zarte Matjesfilets

HAUSFRAUENSAUCE

- 1 mittelgroße Zwiebel
- 1 säuerlicher Apfel
- 80 g Crème fraîche
- 80 g saure Sahne
- 40 g Mayonnaise
- Saft von einer Zitrone
- Salz, weißer Pfeffer, Zucker

ROTE-BETE-SCHMAND

- 1 gekochte Rote Bete
- 3 EL Schmand
- 1 Gewürzgurke, geschält und in feine Würfel gechnitten
- Salz,Pfeffer,Zucker
- etwas Schnittlauch fein geschnitten

HONIG-SENF-DILLSAUCE

- 2 Eigelb
- 1 EL Senf
- 50 ml Pflanzenöl
- fein gehackter Dill
- Salz,Pfeffer
- 1 EL Honig
- Zitronensaft

HAUSFRAUENSAUCE

Zwiebel pellen und in feine Streifen schneiden. Apfel schälen, vierteln, entkernen und in dünne Scheiben schneiden. Crème fraîche, saure Sahne und Mayonnaise verrühren. Mit Salz, Pfeffer, Zucker und Zitronensaft abschmecken. Zwiebel und Apfel untermischen und mindestens drei Stunden ziehen lassen.

ROTE-BETE-SCHMAND

Die Rote Bete mit dem Schmand im Mixer pürieren, bis eine homogene Masse entsteht. Mit den Gewürzen abschmecken und die Gurkenwürfel und Schnittlauch daruntergeben.

HONIG-SENF-DILLSAUCE

Eigelb und Senf verrühren und das Öl langsam und tropfenweise dazugeben. Die Sauce mit Salz, Pfeffer, Zitronensaft und Honig abschmecken und den Dill dazugeben.
Die Matjesfilets in gleichmäßige Stücke schneiden, mit den einzelnen Saucen überziehen und mit Schwarzbrot servieren.

Mit frischen Kräutern oder Radieschen garnieren.

ab Juni ist Saison

HAUPTGERICHTE

„ISS, WAS GAR IST,
TRINK, WAS KLAR IST,
RED, WAS WAHR IST."

MARTIN LUTHER, THEOLOGE UND REFORMATOR

KREATIVES DREIGESTIRN Ein neues Gericht wird probiert. Jeder der drei Küchenchefs kostet, ob es künftig auf der Karte stehen darf. Die letzte Entscheidung trifft allerdings der Chef. Rüdiger Kowalke hat ein geniales Gespür dafür, was ankommen könnte.

DORADE IN SAFRAN-GEMÜSE-SAUCE MIT GETROCKNETEN OFENTOMATEN

OFENTOMATEN

Die Tomaten kurz blanchieren und in Eiswasser abschrecken. Die Haut abziehen, in Viertel schneiden und vom Kerngehäuse befreien. Die Tomaten nebeneinander auf ein geöltes Backblech legen. Mit Salz und Zucker würzen. Mit klein geschnittenem Knoblauch, Thymian und Rosmarin belegen. Mit Olivenöl beträufeln und für drei Stunden bei ca. 80° Umluft im Ofen trocknen.

DORADE

Doraden gut waschen und abtrocknen, mit Salz und Pfeffer würzen. In die Bauchhöhlen der Doraden jeweils einen Zweig Thymian, Rosmarin und etwas Knoblauch geben. Die Doraden mehlieren, gut abklopfen und in Olivenöl von beiden Seiten goldbraun anbraten. Die Doraden auf ein Backblech setzen und im vorgeheizten Backofen bei bei 180° ca. 15–20 Minuten garen.

SAFRAN-GEMÜSESAUCE

Schalotte und Fenchel klein schneiden und in Butter anschwitzen. Mit Weißwein ablöschen, den Safran dazugeben und gut einkochen lassen. Mit Fischfond auffüllen und auf ein Viertel einkochen. Crème double dazugeben und wieder etwas einkochen. Die Sauce durch ein feines Sieb geben.

Die Paprika- und Zucchiniwürfel in Butter anschwitzen und mit der Safransauce auffüllen. Etwa eine Minute köcheln lassen und vor dem Servieren frischen Basilikum in die Sauce geben.

Auf einen Teller einen Saucenspiegel geben, die Dorade darauf anrichten und mit Ofentomaten und Basilikumpesto servieren. Dazu kleine gebratene Rosmarinkartoffeln reichen.

ZUTATEN

- 4 ganze Doraden à 400 g (ausgenommen)
- 4 Rosmarinzweige
- 4 Thymianzweige
- 4 Knoblauchzehen
- • Olivenöl
- • Mehl
- • Salz, Pfeffer

OFENTOMATEN

- 6 Tomaten
- • Zucker
- • grobes Meersalz
- 2 Knoblauchzehen
- 2 Thymianzweige
- 2 Rosmarinzweige
- • Olivenöl

SAFRAN-GEMÜSE-SAUCE

- 1 Schalotte
- ½ Fenchelknolle
- 20 g Butter
- 5 Safran-Fädchen
- 100 ml Weißwein
- 500 ml Fischfond
- 500 ml Crème double
- • Salz, Pfeffer, Limonensaft
- je 1 rote und gelbe Paprika ohne Schale in feinen Würfeln
- 2 EL grüne Zucchini in feinen Würfeln
- 50 g Butter
- • Basilikum
- 1 TL Pernod

HALBER KANADISCHER HUMMER THERMIDOR MIT MANDELREIS

ZUTATEN

HUMMER

- 2 gekochte Hummer à 800 g
- 500 g frischer gewaschener Blattspinat
- 1 EL Schalottenwürfel
- 1 EL Butter
- Salz, Pfeffer, Muskat

SAUCE

- 50 g weiße Champignons in Würfeln
- 1 Schalotte in feinen Würfeln
- 50 g Butter
- 30 g Mehl
- 250 ml Milch
- 250 g Sahne
- 1 TL Senfpulver
- 1 TL Dijonsenf
- 50 g geriebener Parmesan
- 3 EL geschlagene Sahne

REIS

- 250 g Langkornreis
- 50 g Butter
- 50 g Mandelblättchen ohne Fett geröstet

HUMMER

Hummer der Länge nach halbieren und das Hummerfleisch aus Schwanz und Schere lösen. Die Hummerkörper auswaschen und etwas trocknen.
In einer Pfanne die Schalottenwürfel in der Butter anschwitzen, den Spinat dazugeben und dünsten, bis er zusammenfällt. Spinat mit Salz, Pfeffer und Muskat würzen.
Die halbierten Hummerkörper mit dem Blattspinat füllen. Das Hummerfleisch in dünne Scheiben schneiden und auf den Spinat setzen.

SAUCE

Schalottenwürfel und Champignons in der Butter anschwitzen und mit dem Mehl bestäuben. Mit der Milch, Sahne und Senfpulver auffüllen, aufkochen und dabei glatt rühren. Etwa 3 Minuten köcheln lassen und mit Salz und Pfeffer abschmecken.
Den geriebenen Parmesan in die Sauce geben, etwas quellen und abkühlen lassen, dann 3 Esslöffel geschlagene Sahne daruntergeben.

Den gefüllten Hummer mit der Sauce überziehen und im Backofen oder unter dem Grill gratinieren, bis er eine goldbraune Farbe hat.

REIS

Langkornreis kochen und mit etwas Butter und gerösteten Mandelblättchen mischen.

Den halben Hummer mit etwas Salatgarnitur auf Teller anrichten und mit Mandelreis servieren.

HAMBURGER PANNFISCH

ZUTATEN

500 g gekochte Kartoffeln
400 g Zwiebeln
• Pflanzenöl
100 g fetten geräucherten Speck
je 1 Sellerie, Lauch (Stange)
• einige Pfefferkörner, Lorbeerblatt, Nelke
• Salz, Piment
800 g Fischfilets (Goldbarsch, Heilbutt oder Steinbutt)
250 ml Weißwein
½ l Wasser
150 g Senf
⅛ l Sahne
1 Prise Zucker
½ Zitrone
• Petersilie

Die gekochten Kartoffeln und die Zwiebeln in Scheiben schneiden und in ausreichend Öl goldbraun braten, Speck hinzufügen. Sellerie und Lauch klein schneiden, mit Pfefferkörnern, Nelke, Lorbeerblatt, Piment, Wasser und Wein einen Sud kochen. Darin die Fischstücke 5–6 Minuten ziehen lassen. Alternativ den Fisch in der Pfanne goldbraun braten.

Die Fischstücke auf den Bratkartoffeln anrichten und mit gehackter Petersilie bestreuen.

SENFSAUCE

Die Hälfte des Fischsuds durch ein Haarsieb gießen und etwas einkochen. Den Senf einrühren, mit Sahne binden.

Die kalten Butterflocken mit dem Schneebesen einarbeiten. Mit Pfeffer, Salz und einer Prise Zucker sowie Zitronensaft abschmecken.

TIPP

Nehmen Sie anstatt normalem Senf einmal Pommery-Senf.

Unsere Variante
mit Kabeljau und Lachs

fein und knusprig

HEILBUTTFILET IN DER KARTOFFELKRUSTE AUF KOHLRABIGEMÜSE MIT ROTWEINBUTTERSAUCE

ZUTATEN

- 4 Heilbuttfilets à 150 g
- 4 mittelgroße Kartoffeln
- • Salz, Pfeffer, Muskat
- 1 Ei
- • Öl zum Braten

KOHLRABIGEMÜSE

- 50 g Butter
- 4 mittelgroße Kohlrabi
- 2 Schalotten in feinen Würfeln
- • Salz, Pfeffer, Muskat
- • Hühnerfond
- 100 g Crème double
- • gehackte Petersilie

ROTWEINBUTTERSAUCE

- 125 ml roter Portwein
- 125 ml kräftiger Rotwein
- 1 rote Zwiebel
- 5 Wacholderbeeren
- 50 g kalte Butter
- 1 TL Speisestärke
- • Balsamico, Cayennepfeffer

KARTOFFELKRUSTE

Geschälte Kartoffeln fein reiben, mit Salz, Pfeffer und Muskat würzen. Die Masse ruhen lassen und ein Ei dazugeben.

KOHLRABIGEMÜSE

Den geschälten Kohlrabi vierteln, in dünne Scheiben schneiden und mit einem Gemüsemesser etwas in Form bringen.

In einem Topf die Butter zerlassen und den Kohlrabi zusammen mit den Schalottenwürfeln sanft anschwitzen. Das Kohlrabigemüse mit Salz, Pfeffer und Muskat würzen. Mit Hühnerfond aufgießen, so dass der Kohlrabi leicht bedeckt ist. Zugedeckt bei mittlerer Hitze weich dünsten. Wenn das Gemüse weich ist, Crème double dazugeben und sämig einkochen. Petersilie unter den Kohlrabi geben.

ROTWEINBUTTERSAUCE

Rotwein und Portwein mit den klein geschnittenen roten Zwiebeln und den Wachholderbeeren auf ⅓ einkochen. Danach durch ein feines Sieb gießen, nochmals aufkochen und leicht mit angerührter Speisestärke binden. Die kalten Butterstückchen nach und nach in die Sauce rühren. Die Sauce darf nicht mehr kochen. Mit Salz, Cayenne und einem Spritzer Balsamicoessig abschmecken.

HEILBUTTFILETS

Heilbuttfilets mit Salz und Pfeffer würzen, Kartoffelmasse auf eine Seite des Filets geben und fest andrücken. In einer beschichteten Pfanne in Öl auf der Kartoffelseite goldbraun braten und dann den Fisch drehen und fertig garen.

Den krossen Fisch mit der Kartoffelseite nach oben auf dem Kohlrabi anrichten und mit Rotweinbuttersauce servieren.

für Fortgeschrittene

KABELJAU IN WÜRZIGEM MEDITERRANEM SUD MIT KARTOFFELN

PROVENCALISCHE KARTOFFELN

Kartoffeln gut säubern, mit der Schale halbieren. Ein Backblech mit der Knoblauchzehe einreiben, die Kartoffeln auf das Backblech legen und mit Salz und Pfeffer würzen.
Die Kartoffeln mit Olivenöl beträufeln, Thymian und Rosmarin auf die Kartoffeln legen und im vorgeheizten Backofen bei 180° (Umluft) für ca. 45 Minuten garen.

MEDITERRANER SUD

Gesäuberte Hummerkarkassen in heißem Olivenöl anbraten, Tomatenmark, Knoblauch, gewürfelte Tomaten, Gemüse dazugeben und mit anschwitzen. Mit Pernod ablöschen und köcheln lassen bis die komplette Flüssigkeit verdampft ist. Mit Fischfond aufgießen und alle Gewürze und Kräuter dazugeben. Alles einmal aufkochen lassen, die Flüssigkeit abschäumen und 25 Minuten leicht köcheln lassen. Die Karkassen entfernen und den Fond durch ein feines Sieb passieren. Den Fond auf die Hälfte einkochen und mit einem Stabmixer etwas Olivenöl in den Fond mixen, bis er leicht sämig ist. Mit Salz, Cayennepfeffer und einem Spritzer Zitronensaft abschmecken.

KABELJAUFILET

Das Kabeljaufilet mit Zitrone beträufeln und mit Salz und Pfeffer würzen. Die Hautseite vom Filet in Mehl wenden und auf der Hautseite in einer beschichteten Pfanne in Öl langsam in 6–8 Minuten. fertig garen.

SCHMORGEMÜSE

Das Gemüse und die Oliven in Würfel schneiden und mit Olivenöl und etwas Knoblauch weich schmoren. Mit Salz und Pfeffer würzen, gehackten Thymian und Rosmarin unter das Gemüse geben und in einem vorgewärmten tiefen Suppenteller anrichten. Das fertig gegarte Kabeljaufilet auf das Gemüse setzen, die provencalischen Kartoffeln dazugeben und mit dem Sud angießen.

ZUTATEN

KARTOFFELN

- 10 kl. französische Grenaillekartoffeln mit Schale
- 1 Knoblauchzehe
- grobes Meersalz und Pfeffer aus der Mühle
- etwas Olivenöl
- je ein Zweig Thymian und Rosmarin

MEDITERRANER SUD

- 600 g Hummerkarkassen
- Olivenöl
- 1 EL Tomatenmark
- Knoblauch
- 100 g Tomaten abgezogen, gewürfelt
- 30 g Fenchel
- 30 g Staudensellerie
- 50 g Schalotten
- 100 ml Pernod
- 800 ml Fischfond
- etwas Safran, Fenchelsamen, Majoran
- je ein Zweig Thymian und Rosmarin
- Cayennepfeffer

KABELJAUFILET

- 4 Kabeljaufilets mit Haut à 150 g
- Salz, Pfeffer, Zitrone
- Olivenöl
- Mehl zum Bestäuben

SCHMORGEMÜSE

- je 1 rote und gelbe Paprikaschote
- 50 g grüne Oliven in Scheiben
- Thymian und Rosmarin
- 1 grüne entkernte Zucchini
- 1 Aubergine
- Salz, Pfeffer

GEBRATENE SEEZUNGENFILETS IN HUMMERSCHAUM MIT SELLERIEPÜREE

ZUTATEN

- 600 g Seezungenfilet
- Mehl zum Bestäuben

HUMMERSCHAUM

- Schalen von zwei Hummern à 500 g
- 2 EL Olivenöl
- 50 g Butter
- 4 cl Cognac
- 4 cl Cream Sherry
- 50 g Selleriewürfel
- 50 g Karottenwürfel
- ½ Lauch
- 1 Zwiebel
- 2 frische Tomaten
- 1 EL Tomatenmark
- 250 ml Fischfond
- 125 ml Sahne
- 125 ml Crème double
- Zucker, Salz, Pfeffer

SELLERIEPÜREE

- 300 g geschälter Sellerie in Würfeln
- 50 g Butter
- 150 ml Hühnerbrühe
- 150 ml Sahne
- Salz, Pfeffer, Muskat

HUMMERSCHAUM

Die zerkleinerten Hummerschalen in einem flachen Topf in Olivenöl und Butter anrösten. Mit Cognac und Sherry ablöschen. Gemüse und Tomatenmark dazugeben und mit dem Fischfond, Sahne und Crème double auffüllen. Sauce aufkochen und ca. 20 Minuten ziehen lassen.
Sauce durch ein feines Sieb gießen und auf die Hälfte einkochen. Mit Salz, Zucker und Cayennepfeffer abschmecken und mit etwas angerührter Speisestärke zur gewünschten Konsistenz abbinden.

SELLERIEPÜREE

Sellerie in Butter anschwitzen, mit der Hühnerbrühe und Sahne auffüllen und weich kochen, so dass keine Flüssigkeit mehr vorhanden ist. Mit dem Mixstab oder in einer Küchenmaschine zu einem glatten Püree verarbeiten.
Mit Salz, Pfeffer, Muskat und einer Prise Zucker abschmecken.

SEEZUNGENFILET

Die Seezungenfilets mit Salz und Pfeffer würzen, in Mehl wenden und von beiden Seiten ca. drei Minuten braten.

Die Seezungenfilets auf vorgewärmte Teller mit dem Selleriepüree und dem Hummerschaum anrichten. Je nach Saison mit kleinen gebratenen Pfifferlingen als Beilage servieren.

feines für festliche Tage

STEINBUTT IM GANZEN GEBRATEN MIT GESCHMORTEM GEMÜSE UND LIMONEN-KAPERN-BUTTER

Steinbutt mit Salz und Pfeffer würzen, von beiden Seiten goldgelb anbraten und auf ein großes Backblech legen.
Das Gemüse, Knoblauch, Kartoffeln und die Kräuter zu dem Steinbutt geben und alles mit dem Olivenöl beträufeln. Mit Salz und Pfeffer würzen.
Das Ganze ca. 30 Minuten im vorgeheizten Backofen bei 180° garen.

Den Fischfond etwas einkochen und leicht sämig mit etwas Speisestärke binden.
Die kalte Butter mit dem Mixstab darunterschlagen. Mit Salz, Pfeffer und Limonensaft abschmecken.
Die Tomate häuten, entkernen und würfeln. Petersilie waschen und fein hacken. Kapern, Tomatenwürfel, Limonenfilets und Petersilie in der Sauce erhitzen.

Den Steinbutt mit dem Schmorgemüse und den Kartoffeln auf einer großen Platte anrichten und mit Limonenbuttersauce servieren.

ZUTATEN

- 1 Steinbutt ca. 2 kg küchenfertig
- 12 Fingermöhren mit Grün
- 6 Mini-Kürbis
- 3 Mini-Auberginen
- 3 Mini-Zucchini
- • jeweils ein Bund Rosmarin und Thymian
- 4 Knoblauchzehen
- 1 Fenchelknolle in Scheiben
- • Olivenöl
- 12 kleine französische Grenaillekartoffeln mit Schale halbiert
- 6 Tomaten geviertelt

SAUCE

- 125 ml Fischfond
- • Speisestärke
- 100 g kalte Butterwürfel
- 2 Limonen (Filets und Saft)
- 1 Tomate
- • glatte Petersilie
- 1 TL Kapern

sollte aus Wildfang sein

was für kühle Tage

KROSS GEBRATENES ZANDERFILET AUF WEINKRAUT MIT GLASIERTEN TRAUBEN, KROSSEM SPECK UND RIESLINGSAUCE

ZUTATEN

600 g frisches Zanderfilet mit Haut
- Mehl
- Salz, Pfeffer, Zitrone

WEINKRAUT

1 Zwiebel in feinen Würfeln
70 g Butter
400 g Sauerkraut
- Salz
- Zucker

100 ml Sekt
100 ml Ananassaft
1 große geschälte Kartoffel

RIESLINGSAUCE

250 ml Fischfond
125 ml Crème double
25 g Butter
- Ein Spritzer Riesling
- Salz
- geschlagene Sahne

GLASIERTE TRAUBEN

100 g blaue Trauben
- Zucker

50 g Speckwürfel
50 g Butter
100 ml Riesling

WEINKRAUT

Zwiebelwürfel in der Butter anschwitzen, Sauerkraut dazugeben und mit Salz und Zucker würzen. Mit Sekt und Ananassaft auffüllen, 1 Lorbeerblatt dazugeben und ca. ½ Stunde köcheln lassen, dann die geriebene Kartoffel für die Bindung dazugeben. Nochmals ca. fünf Minuten köcheln lassen und abschmecken.

RIESLINGSAUCE

Fischfond auf die Hälfte einkochen, die Crème double und die Butter dazugeben. Fünf Minuten köcheln lassen und noch mal abschmecken. Zuletzt einen Spritzer Riesling und geschlagene Sahne daruntergeben, mit einem Stabmixer aufmixen.

ZANDERFILET

Das Zanderfilet mit Zitronensaft einreiben, salzen, pfeffern und in heißem Öl langsam auf der Hautseite fertig garen.

GLASIERTE TRAUBEN

Die Trauben abziehen, entkernen und halbieren. Mit etwas Zucker, Butter und Weißwein in einem Topf erwärmen.
Die Speckwürfel in einer heißen Pfanne kross auslassen.

Das krosse Zanderfilet auf dem Weinkraut anrichten und mit dem Rieslingschaum umgießen. Die glasierten Trauben und den Speck dekorativ über die Teller verteilen.

Dazu Kartoffelpüree oder Petersilienkartoffeln servieren.

PFEFFERSTEAK VOM THUNFISCH UND BLACK TIGER PRAWNS AUF WOKGEMÜSE MIT SOJA-INGWER-SAUCE

Schalottenwürfel mit dem frischen Ingwer in etwas Öl anschwitzen und mit den restlichen Zutaten aufkochen und 10 Minuten ziehen lassen. Anschließen durch ein Sieb gießen, nochmals aufkochen und mit angerührter Speisestärke leicht sämig abbinden.

Das Sesamöl mit dem Knoblauch in einem Wok oder einer Pfanne erhitzen. Das Gemüse dazugeben und scharf anbraten, so dass es noch etwas knackig ist. Mit Soja und Chilisauce würzen.

Die Tiger Prawns halbieren, den Darm entfernen, mit Salz und Pfeffer würzen und in einer heißen Pfanne von beiden Seiten ca. zwei Minuten braten.

Die Thunfischsteaks von einer Seite in den Zitronenpfeffer drücken und in einer heißen Pfanne kurz anbraten, so dass sich eine Pfefferkruste bildet und der Thunfisch innen noch rosa ist.

Das Wokgemüse auf einem Teller anrichten. Den Thunfisch und die Prawns auf das Gemüse setzen und mit der Sojasauce nappieren.

Dazu passt Kartoffelpüree mit etwas angerührtem Wasabi.

ZUTATEN

4 Thunfischsteaks à 120 g
4 Black Tiger Prawns
• Zitronenpfeffer
• Salz

SOJA-INGWER-SAUCE

1 EL Schalottenwürfel
20 g frischer Ingwer
125 ml Fischfond
3 EL Sojasauce
25 ml Malzbier
1 TL Sambal Olek
1 EL Zucker
1 EL Honig
• Speisestärke

WOKGEMÜSE

2 EL Sesamöl
1 Knoblauchzehe
80 g Shiitakepilze
80 g Möhren
80 g rote Paprika
80 g Zuckerschoten
80 g Chinakohl
60 g Sprossen
5 EL Sojasauce dunkel
5 EL Chili-Chicken-Sauce

schnell gemacht

garantiert grätenfrei

SEETEUFELMEDAILLONS MIT KRÄUTERN AUF PIEMONTESER REIS MIT PAPRIKA-MUSCHEL-SAUCE

ZUTATEN

- 8 à 60–80 g Medaillons vom Seeteufelfilet
- 250 g Butter
- 1 Eigelb
- 200 g Weißbrot fein gerieben
- je 1 EL gehackte Petersilie, Thymian, Rosmarin
- 1 Bund Basilikum fein gehackt
- Olivenöl
- 1 Schalotte
- 1 Knoblauchzehe
- 1 Fenchelknolle
- 2 Tomaten
- 300 g Miesmuscheln
- 60 ml Noilly Prat
- 60 ml trockener Weißwein

PAPRIKA-MUSCHEL-SAUCE

- 2 gelbe Paprikaschoten
- 1 EL Tomatenmark
- 1 Schalotte
- 100 ml Fischfond
- 100 ml Muschelfond
- 100 g Butter
- Salz, Pfeffer

PIEMONTESER REIS

- 250 g Piemonteser Reis
- 1 EL Butter
- Tomatenwürfel
- Basilikum

Weiche Butter schaumig schlagen, bis sie eine weiße Farbe bekommt. Eigelb, geriebenes Weißbrot und die Kräuter dazugeben. Mit Salz und Pfeffer abschmecken, zwischen zwei Bogen Backpapier dünn ausrollen, kalt stellen.

Schalotte, Knoblauch, Fenchel, Tomaten klein schneiden und in Olivenöl andünsten. Die gewaschenen Muscheln, Noilly Prat und Weißwein dazugeben und im geschlossenen Topf sechs Minuten köcheln lassen.
Die Muscheln in ein Sieb gießen und den Sud aufbewahren.

PAPRIKA-MUSCHEL-SAUCE

In einem flachen Topf Olivenöl erhitzen. Klein geschnittene Schalotten, Paprika und Tomatenmark darin anbraten, mit Fisch und Muschelfond auffüllen und weichkochen. Alles zu einer glatten Sauce mixen und die Butterstücke einmontieren. Mit Salz und Pfeffer abschmecken. Muscheln auslösen und das Fleisch in der Sauce erwärmen.

PIEMONTESER REIS

Den Reis mit der dreifachen Menge leicht gesalzenem Wasser garen. Abgießen, die Butter, Tomatenwürfel und fein geschnittenes Basilikum untergeben.

Aus dem Seeteufelfilet pro Person zwei Medaillons schneiden und in ein gebuttertes tiefes Backblech legen. Die Kräuterkruste aus der Kühlung nehmen, zurechtschneiden und auf die gewürzten Medaillons legen. Die Medaillons mit Weißwein angießen und bei 200° für ca. 8–10 Minuten im vorgeheizten Ofen garen. Auf dem Piemonteser Reis anrichten und mit der Sauce umgießen.

STEINBUTT AN DER GRÄTE GEBRATEN MIT POMMERYSENFSAUCE UND SCHMORGEMÜSE

Steinbutt mit Salz, Pfeffer würzen, mehlieren und von allen Seiten goldbraun anbraten. Auf ein Backblech geben und im vorgeheizten Ofen bei 200° ca. 15 Minuten weitergaren.
Fischfond mit der Sahne und Crème double etwas einkochen. Dann die beiden Senfsorten in die Sauce mixen und mit Salz, Zitronensaft und Zucker abschmecken.

Olivenöl in einen Topf geben. Die Paprika mit den Zwiebelwürfeln und Knoblauch anbraten, dann die Zucchini, Auberginen und Kirschtomaten dazugeben. 250 ml Tomatensaft angießen und das Gemüse weichschmoren. Mit Salz und Pfeffer abschmecken und vor dem Anrichten das fein geschnittene Basilikum dazugeben.

Den Steinbutt aus dem Ofen nehmen und in einer Bratpfanne in etwas Butter mit Thymian und Rosmarin aromatisieren. Mit dem Schmorgemüse anrichten und die Senfsauce separat servieren.

Dazu passen kleine gebratene Kartoffeln.

ZUTATEN

4 Portionen Steinbutt (aus dem Rücken mit Gräte à 300 g)
• Öl zum Braten
• Thymian, Rosmarin
• Mehl zum Bestäuben
• Salz und Pfeffer
50 g Butter

100 ml Fischfond
50 ml Crème double
50 ml Sahne
60 g grober Pommerysenf
50 g scharfer Senf
• Salz,Zucker
1 Zitrone

• Olivenöl
je 80 g gelbe und rote Paprikawürfel 1 cm
1 Zwiebel gewürfelt
1 Knoblauchzehe fein gehackt
60 g Zucchinwürfel 1 cm
60 g Auberginenwürfel 1 cm
60 g Kirschtomaten halbiert
250 ml Tomatensaft
1 Blatt Basilikum fein geschnitten

damit macht man sich Freunde

SALAT VON GRÜNER PAPAYA MIT ERDNUSSSAUCE UND GEBRATENEN GARNELEN

ZUTATEN

300 g kleine grüne Thai-Papaya
1 Karotte
50 g Erdnüsse
• Prise Salz

MARINADE

100 g Palmzucker in Kristallform
30 ml warmes Wasser
80 ml Limettensaft
2 kleine rote Chilischoten
1 Knoblauchzehe
1 EL asiatische Fischsauce

ERDNUSSSAUCE

2 EL rote Thai-Currypaste
2 EL Sonnenblumenöl
300 ml Kokosmilch
150 g Erdnussbutter
2 EL Limettensaft
1 EL asiatische Fischsauce
• Prise Salz

GARNELEN

12 Black-Tiger-Riesengarnelen
3 EL Rapsöl
• Salz, Pfeffer

SALAT

Thai-Papaya und Karotten in feine Streifen schneiden. Alles zusammen in eine Schüssel geben.

MARINADE

Den Palmzucker mit warmem Wasser auflösen und in eine Schüssel geben. Limettensaft zugeben. Chilischoten und Knoblauchzehe sehr fein hacken, mit Fischsauce und etwas Salz abschmecken.

ERDNUSSSAUCE

Öl im Topf erhitzen, Thai-Currypaste zugeben, leicht anschwitzen, die Kokosmilch dazugeben und aufkochen, dann die Erdnussbutter einrühren. Dann vom Herd nehmen, mit Limettensaft, einer Prise Salz und Fischsauce abschmecken.

Die bereits vorbereiteten Streifen der Thai-Papaya sowie die Karottenstreifen in einen Tonmörser geben, dann die Erdnüsse sowie 5 EL von der zuvor vorbereiteten Marinade dazugeben. Dann alles zusammen kräftig zerstoßen.
Riesengarnelen in einer beschichteten Pfanne mit Rapsöl, Salz und Pfeffer glasig braten.

Die Erdnusssauce in Schälchen verteilen. Den Salat mit den Riesengarnelen anrichten.

mein thailändisches Lieblingsgericht

DESSERTS

„ÜBER DEM VOLLEN BAUCH LÄCHELT EIN FRÖHLICHES HAUPT.“

ALTDEUTSCHES SPRICHWORT

HAMBURGER ROTE GRÜTZE MIT VANILLESAUCE

Alle Früchte in einen großen Topf geben und zusammen mit Zucker, Orangenschale und Saft, Zimt, Rotwein und Rum ca. eine Stunde simmern lassen. Durch ein Haarsieb passieren und etwas einkochen.

Speisestärke mit etwas Rotwein oder Wasser auflösen und den Grützefond damit binden.

Den gebundenen Grützefond erkalten lassen. Beeren in eine Schüssel geben und mit dem erkalteten Grützefond mischen.

Eigelb mit Zucker im Wasserbad aufschlagen. Milch mit einer aufgeschnittenen, ausgeschälten Vanillestange aufkochen und nach und nach unter Rühren in die Eigelbmasse geben. Durch ein Haarsieb gießen und unter ständigem Rühren zur Rose abziehen.

Kalt stellen und mit der flüssigen Sahne verfeinern, auf Wunsch mit einer Kugel Vanilleeis ergänzen.

ZUTATEN

GRÜTZEFOND

100 g TK-Himbeeren
100 g TK-Sauerkirschen
100 g TK-Erdbeeren
100 g TK-Johannisbeeren (schwarze)
½ l Wasser
½ l Rotwein
150 g Zucker
1 Zimtstange
• Saft und Schale einer unbehandelten Orange
4 cl Rum
40 g Speisestärke

EINLAGE GRÜTZEFOND

50 g frische, kleine Erdbeeren
50 g frische Himbeeren
50 g frische Blaubeeren
50 g frische Brombeeren
50 g frische entkernte Süßkirschen (alle Früchte geputzt und gewaschen)

VANILLESAUCE

3 Eigelb
50 g Zucker
1 Vanillestange
¼ l Milch
2 EL flüssige Sahne

statt Rum und Wein
schmeckt's auch mit Traubensaft

TRAUM VON BELGISCHER SCHOKOLADENTARTE

ZUTATEN

- fertiger Schokoladenbisquit

90 g Vollmilchkuvertüre
25 g gemahlene Mandeln
20 g Sahne
20 g Milch
10 g Amaretto
15 g Glukose

100 g dunkle Kuvertüre
60 g Milch
1,5 Blatt Gelatine
250 g Sahne

NOUGAT

50 g Milch
90 g Sahne
80 g dunkle Kuvertüre
80 g Nougat

SCHOKOLADENMOUSSE

25 g Eigelb
40 g Vollei
150 g dunkle Kuvertüre
300 g geschlagene Sahne
1 Prise Salz
10 ml Rum

Eine runde Tortenform (18 cm Durchmesser) mit Schokoladenbisquit auslegen.
Kuvertüre, gemahlene Mandeln, Sahne, Milch, Amaretto und Glukose über dem Wasserbad schmelzen lassen. Die Masse auf dem Bisquitboden verteilen und kalt stellen.

100 g Kuvertüre mit der Milch über einem heißen Wasserbad schmelzen lassen und die eingeweichte Gelatine dazugeben. Die Masse etwas abkühlen lassen, die geschlagene Sahne unterheben und als zweite Schicht in die Tortenform geben.

Die Tarte im Tiefkühlfach anfrieren.

NOUGAT

Alle Zutaten über einem Wasserbad schmelzen lassen und die angefrorene Tarte damit gleichmäßig überziehen. Die Tarte im Kühlschrank wieder auftauen lassen.

SCHOKOLADENMOUSSE

Die Kuvertüre schmelzen. Eier mit dem Rum und der Prise Salz im heißen Wasserbad schaumig schlagen. Die geschmolzene Schokolade unterrühren und die geschlagene Sahne unterheben.
Mousse in den Kühlschrank stellen, bis sie fest wird.

Die Tarte in Tortenstücke schneiden. Aus dem Mousse mit einem Löffel eine Nocke abstechen.

Tipp: Mit einer Kugel weißem Schokoladeneis und eingelegtem Obst servieren.

für Könner

KARAMELLISIERTE APRIKOSEN MIT LAVENDELHONIG

ZUTATEN

300 g Blätterteig
16 kleine französische Aprikosen
30 g Butter
2 EL Lavendelhonig
• Puderzucker

Blätterteig dünn ausrollen und mit Hilfe eines kleinen Tellers 12 cm große Kreise ausstechen.

Blätterteigkreise auf ein mit Backpapier ausgelegtes Blech legen, mehrmals mit einer Gabel einstechen, damit der Dampf entweichen kann und der Blätterteig gleichmäßig aufgeht.

Aprikosen halbieren, entkernen und Blätterteigkreise damit belegen. Die Butter und den Lavendelhonig in einem Topf schmelzen lassen und die Aprikosen damit bepinseln.

Die Tartes für ca. 12 Minuten in dem auf 200° vorgeheizten Ofen backen.
Die fertigen Tartes mit Puderzucker bestreuen und auf Wunsch mit einer Kugel Pistazieneis servieren.

das gelingt immer

GEBACKENE APFELRINGE MIT HIMBEERSORBET UND SABAYON

ZUTATEN

- 3 Äpfel
- 150 ml Apfelsaft
- 3 TL Calvados
- 1 EL Zucker

- 250 g Mehl
- 1 Prise Salz
- 2 Eier
- 1 EL Öl
- 250 g Zucker
- 300 ml Weißwein oder Bier
- Zimtzucker
- Öl zum frittieren
- Butterschmalz zum Ausbacken

HIMBEERSORBET

- 750 g Himbeeren
- 150 ml Wasser
- 225 g Zucker
- Saft von 1 Zitrone
- 50 ml Sekt
- Himbeergeist

HIMBEERSABAYON

- 150 g Himbeeren
- 50 g Zucker
- 6 Eigelb
- 100 g Zucker
- 200 ml Weißwein
- Saft von ½ Zitrone

Äpfel schälen, das Kerngehäuse entfernen und die Äpfel in Scheiben schneiden. Die Apfelscheiben in Apfelsaft und Zucker einlegen.

Mehl in eine Plastikschüssel sieben und in die Mitte eine Mulde drücken. Salz, Zucker, Eigelb und das Öl in die Mulde geben. Nun mit einem Holzlöffel verrühren. Dabei in der Mitte beginnen und das Mehl von innen nach außen einarbeiten. Nach und nach die Flüssigkeit dazugeben und zu einem homogenen Teig verarbeiten.
Eiweiß mit einer Prise Salz zu Eischnee schlagen und unter den Teig heben.

Die Apfelscheiben aus der Flüssigkeit nehmen, durch den Backteig ziehen und im heißen Fettbad ausbacken, bis die Scheiben goldbraun sind.
Mit Zimtzucker bestreuen.

HIMBEERSORBET

Aus Zucker und Wasser einen Sirup kochen und abkühlen lassen. Himbeeren, Zuckersirup, Zitronensaft und Himbeergeist mit einem Stabmixer pürieren und durch ein Sieb streichen. Den Sekt dazugeben und unter häufigem Rühren im Tiefkühlfach einfrieren.

HIMBEERSABAYON

Himbeeren mit 50 g Zucker pürieren und durch ein Sieb streichen. Die restlichen Zutaten zusammen mit dem Himbeerpüree über dem Wasserbad zu einem Schaum aufschlagen.

CAPPUCCINOPARFAIT MIT EINGELEGTEN KIRSCHEN UND AMARETTOSCHAUM

Eigelb schaumig schlagen. Das Wasser mit dem Zucker erhitzen, bis der Zucker sich aufgelöst hat. Das Zuckerwasser in einem dünnen Strahl in die Eigelbmasse einrühren und kalt schlagen. Die Schokolade und den Nougat auflösen und die aufgekochte Milch mit dem Vanillemark und dem Espressopulver dazugeben. Die Schokoladen-Nougat-Masse etwas abkühlen lassen und mit dem Likör unter die Eigelbmasse geben.
Zum Schluss die geschlagene Sahne unterheben, in Förmchen füllen und einfrieren.

AMARETTOSCHAUM

Amaretto, Vanille und Zucker aufkochen. Die eingeweichte Gelatine dazugeben, abkühlen lassen und die geschlagene Sahne unterheben. In einen Spritzbeutel füllen und kalt stellen.

EINGELEGTE KIRSCHEN

Die Kirschen über Nacht zuckern.

Am nächsten Tag die Kirschen in ein Sieb geben und den Saft dabei auffangen. Den Kirschsaft mit dem Likör aufkochen und mit etwas angerührter Speisestärke binden.

ZUTATEN

- 100 g Eigelb
- 100 g Zucker
- 50 ml Wasser
- • Mark von ½ Vanilleschote
- 150 g Vollmilchschokolade
- 50 g Nougat
- 2 EL Instant-Espressopulver
- 60 ml Milch
- 25 ml Schokolikör
- 450 ml geschlagene Sahne

AMARETTOSCHAUM

- 30 ml Amaretto
- • Mark von ½ Vanilleschote
- ¾ Blatt Gelatine
- 125 g geschlagene Sahne

EINGELEGTE KIRSCHEN

- 500 g Kirschen
- 200 g Zucker
- 300 ml Kirschlikör
- • etwas Speisestärke

Vor dem servieren
2-3 Minuten antauen

COCKTAILS

„BARKEEPER HÖREN MEHR ALS ALLE PSYCHOANALYTIKER UND BEICHTVÄTER ZUSAMMEN.“

CLINT EASTWOOD, SCHAUSPIELER UND REGISSEUR

LILLET ROYAL

ZUTATEN

5 cl Lillet Rosé
3 cl Cranberrysirup
0,5 cl Erdbeersirup
• Sekt oder Champagner

Alle Zutaten mit Eis in das Glas geben, mit Sekt oder Champagner auffüllen.
Zwei halbe Erdbeeren, halbe Limettenscheibe und einen Minzzweig als Dekoration in das Glas geben.

POSEIDON WHITE SATIN

ZUTATEN

1 Dash Eiweiß
3 cl Vodka
2 cl Peachtree
2 cl Zitronensaft

Alle Zutaten gemeinsam mit Eis im Shaker schütteln und anschließend in das Cocktailglas geben.

OLD FASHIONED

ZUTATEN

1 Würfelzucker
3 Dashes Angostura
4 cl Bourbon Whiskey
1 Dash Sodawasser

Würfelzucker im Tumbler mit Angostura und Sodawasser beträufeln und zerstoßen. Eiswürfel in das Glas geben und den Whiskey darübergießen.
½ Zitronenscheibe, ½ Orangenscheibe und zwei Cocktailkirschen als Dekoration in das Glas geben.

TESTAROSSA

ZUTATEN

6–8 frische Himbeeren
1 cl Zucker
1 cl Framboise
• Sekt oder Champagner

Im Mixer pürieren und im Anschluss in das Glas geben. Mit Champagner oder Sekt auffüllen und mit Minzzweig dekorieren.

OKTOPUS
Der achtarmige Tintenfisch schmeckt lecker in Öl gebacken. Vorsicht beim Ausnehmen: Mit der Tinte lässt sich Pasta prima färben, Kleidung leider auch.

FISCH-ABC

DAS FLEISCH AUS DEM MEER
WILL SENSIBEL BEHANDELT WERDEN.
SCHNELL IST ES GEGART,
SCHNELL ZERFÄLLT ES.

DIE ZAHL DER LEIDENSCHAFT-LICHEN HOBBY-KÖCHE IN DEUTSCHLAND STEIGT,

ABER AN FISCHGERICHTE WAGEN SICH VIELE IMMER NOCH NICHT HERAN. DABEI SIND SIE IM ALLGEMEINEN EINFACHER ZUZUBEREITEN ALS ZUM BEISPIEL EIN RUMPSTEAK. DAS TRAUT SICH JEDER FREIZEITGRILLER ZU.

Und weiß nicht mal, dass er die Fettränder einschneiden muss, damit die dünne Scheibe sich nicht wölbt, oder was er tun muss, damit sie in trockener Hitze eine appetitliche Kruste bildet und dabei im Innern noch leicht rosa bleibt. Eine Lachsscheibe in etwas Butter und Olivenöl zu garen ist dagegen ein Kinderspiel. Dauert knapp vier Minuten. Mit Meersalz und Pfeffer aus der Mühle bestreut, ein wenig Zitronensaft – fertig, ein köstliches Gericht. Gesund, leichtverdaulich, preiswert.

Fisch ist – wenn man es genau betrachtet – Fleisch aus dem Meer. Im Wesentlichen lässt es sich auch zubereiten wie Fleisch von Landtieren. Allerdings wie sehr zartes Fleisch. Fisch ist ein Sensibelchen. Ob in der Pfanne, im Dampf oder im Sud: Schnell ist er gegart, schnell zerfällt er. Der Grund liegt im geringen Halt seines Bindegewebes.

Ein paar Kleinigkeiten sollte Köchin/Koch deshalb beachten. Beginnen wir beim „Kochfisch". Seefisch eignet sich dafür besonders gut. Das feste Fleisch zerfällt nicht so leicht. Trotzdem: Schon der Begriff signalisiert den Fehler. Fisch will pochiert werden, will gar ziehen. Nur so behält er Aroma und Konsistenz. Also „Kochfisch" niemals kochen. Sprudelnd, wie manchmal angegeben, schon gar nicht. Am besten bettet man ihn in einen vorgekochten Sud, – wenig Wasser, Essig, Salz, Lorbeerblatt, Pfefferkörner, Wacholderbeeren,

THUNFISCH
Teure und auch begehrte Delikatesse. Tiefrot und fest soll sein Fleisch sein.

Zwiebel, Nelken und Suppengemüse oder auch Weißwein, Zitrone, ein wenig Olivenöl, Brühe, Salz, Pfeffer, Basilikum – Variationen gibt es viele. Diesen Sud gut 10 Minuten auf kleiner Flamme köcheln lassen. Dann die Hitze reduzieren. Wenn der Sud nur noch siedet, den gesäuberten Fisch hineinlegen. Portionsstücke benötigen etwa 10 bis 20, ganze Fische 30 bis 40 Minuten – je nach Größe und Fischart. Aus dem eingekochten Sud lässt sich dann die passende Sauce zubereiten. Der alte Spruch hat durchaus seine Berechtigung: „Dreimal soll Fisch schwimmen – lebend im Wasser, in einem würzigen Sud und beim Verzehren im Wein."

Fisch im eigenen Saft gedünstet ist eine gesunde Zubereitungsart, die Eigengeschmack, Nährstoffe und Vitamine optimal erhält. Also: Den Fisch in einen Schmortopf auf tropfnasses, feingeschnittenes Gemüse legen oder den Boden des Topfes einen Zentimeter hoch mit wenig Fett und Wasser, Brühe und/oder Weißwein bedecken. Im vorgeheizten Backofen (175 Grad Celsius) oder bei mittlerer Hitze auf der Herdplatte je nach Größe garen lassen. Zarte Filets brauchen nur 5 bis 10 Minuten, ein großer Fisch bis zu 40 Minuten.

Eine festverschlossene Alufolie oder ein Bratschlauch kann den Topf ersetzen. Der Fisch gart in der Folie im Wasserbad bei ca. 80 Grad oder im Backofen bei 200 Grad Celsius. Im Bratschlauch wird er in den kalten Ofen gelegt, der auf 200 Grad Celsius erhitzt wird. Das beigegebene Gemüse sollte vor dem Dünsten gesalzen werden. So tritt der Gemüsesaft schneller aus, und es setzt nichts an.

Dämpfen ist eine weitere Zubereitungsart. Sie verhindert das Austrocknen und Zerfallen kleiner und zarter Filets wie denen von Seezunge, Scholle oder Butt. Eine Methode, die ideal ist für jeden, der abnehmen will. Beim Dämpfen benötigt man kein Fett, nichts kann anbrennen, das Gargut steht in keiner direkten Verbindung zur Hitzequelle.

Also: Einen Topf drei Zentimeter hoch mit Wasser füllen, Filets in einen Siebeinsatz über dem siedenden Wasser legen und den Deckel fest schließen. Die Garzeit beträgt 5 bis 8 Minuten, bei dickeren Filetstücken 15 bis 20 Minuten. Das verbliebene Kondenswasser eignet sich hervorragend für Saucen und Suppen.

Um das ursprüngliche Aroma der Fische zu erhalten, sollte der Koch mit Gewürzen und Salz haushälterisch umgehen. Je edler der Fisch, umso sparsamer. Natürlich passen zum Mittelmeerfisch mediterrane Kräuter und Knoblauch, aber besser ein Hauch statt einer Dröhnung. Einige Fischsorten allerdings haben wenig Eigengeschmack. Seelachs oder Südwasserbewohner wie Viktoriabarsch, Catfish und andere Zuchtfische aus Aquakulturen müssen mit Gewürzen geschmacklich aufgepeppt werden.

◀ MAKRELE
Vorsicht, verdirbt schnell wegen des hohen Ölgehalts! Schmeckt deshalb besonders gut geräuchert und gegrillt.

LOUP DE MER
Er hat viele Namen (Seewolf oder Wolfs-, See-, Meerbarsch) und ist ein Edelfisch mit wenig Gräten. Am besten auf der Haut braten oder im Salzmantel.

JAKOBSMUSCHELN
Es gibt 400 Arten, aber nicht alle schmecken gleich gut. Das nussige Muskelfleisch schmeckt besonders gut in Safransauce.

A

WIE AUSNEHMEN UND SCHUPPEN

Ein scharfes Messer und eine Küchenschere sollten griffbereit liegen. Bauch- und Seitenflossen mit der Schere abschneiden. Nur die Schwanzflosse bleibt vorerst als Haltegriff zum Schuppen erhalten. Mit einem Tuch den Schwanz umgreifen und mit schräg angesetztem Messer von hinten nach vorn die Schuppen abschaben – am besten unter fließendem Wasser. Von der Darmöffnung die Bauchhöhle bis zur Brustflosse Richtung Kopf mit dem Messer öffnen. Mit der Hand vom Kopf her die Innereien herausziehen. Vorsicht bei der schwarzgrünen Gallenblase! Ihre bittere Flüssigkeit würde das Fischfleisch verätzen. Abhilfe schafft schnelles Ausspülen der Bauchhöhle mit kaltem Wasser. Feste Teile im Innern, die sich nicht herausziehen lassen, mit der Schere abschneiden. Um angetrocknete Blutreste und die schwarze Haut restlos zu lösen, die Bauchhöhle mit grobkörnigem Salz einreiben. Dann gründlich ausspülen und trockentupfen.

B

WIE BRATEN

Fisch sollte sautiert werden. Er wird im heißen Fett unter Schwingen der Pfanne gegart. Ab und an vorsichtig wenden. Filets immer zuerst auf der Seite braten, an der sich die Gräten einst befanden. Anschließend auf der Hautseite. So wellen sie sich nicht.

C

WIE CELSIUS

0 Grad Celsius ist die ideale Temperatur zum Aufbewahren von Fisch. Bei 4 °C, also der normalen Kühlschranktemperatur, verdirbt er doppelt so schnell. Die Haltbarkeit hängt von der jeweiligen Art, Qualität und Größe des Fisches ab. Ganze Fische halten sich länger, wenn sie ausgenommen sind. Enzyme im Magen des Tieres fördern den schnellen Verfall. Wer einen ganzen Fisch im Kühlschrank aufbewahrt, sollte ihn fest mit Eis bedecken. Brucheis weist in der Regel eine Temperatur von −0,5 °C auf. Im Kühlschrank schmilzt es langsam, aber beständig: Der Fisch wird so vor dem Eintrocknen bewahrt. Das schmelzende Eis muss jedoch ablaufen können. Portionierter und filetierter Fisch sollte nicht direkt mit Eis in Berührung kommen. Das Fleisch verfärbt sich sonst und laugt aus. Fetter Fisch verdirbt übrigens am schnellsten. Nicht ausgenommene Sardinen oder Makrelen entwickeln bei normaler Kühlschranktemperatur bereits 48 Stunden nach dem Fang einen unangenehmen strengen Geschmack.

D

WIE DURCHBLICK

Bei den unzähligen Arten, unterschiedlichen Formen, Größen, Zucht- und Wildfang – wer hat da noch den Durchblick? Selbst passionierte Fischesser wissen oft nicht, wo das Objekt des künftigen Genusses herkommt. Ob süß oder salzig, Fluss, Bach, See oder Meer?

Tabellarisch eine kleine Einkaufshilfe:

SEEFISCH (SALZWASSERFISCH)	SÜSSWASSERFISCH
Flunder, Heilbutt, Hering, Kabeljau (Dorsch), Steinbeißer, Makrele, Rotbarsch, Sardelle, Sardine, Schellfisch, Scholle, Seehecht, Seelachs (Köhler), Sprotte, Steinbutt, Thunfisch, Wittling (Merlan)	Aal Barsch Forelle Hecht Karpfen Lachs (Salm) Pangasius Saibling Schleie Zander

E

WIE EINFRIEREN

Wolf-Dieter Klunker, einst Küchenchef im Fischereihafen Restaurant, sagte gern: „Wer Fisch in den Tiefkühler steckt, tötet ihn zum zweiten Mal." Keine Frage, er verliert an Geschmack. Trotzdem eignet sich Fisch durchaus zum Einfrieren. Vor allem Kaltwasserarten wie Seelachs und Schellfisch, Lachs und Rotbarsch nehmen wenig Schaden, auch Tintenfisch verträgt gut den Kälteschock. Die beste Methode geht so: Den Fisch frisch ausnehmen, waschen, falls notwendig in Portionen teilen, auf einer mit Klarsichtfolie ausgelegten Unterlage in die Tiefkühlung legen. Steifgefroren in kaltes Wasser tauchen, so bildet sich ein dünner Eisfilm, der den Fisch vor dem Austrocknen und vor Frostbrand schützt. Dann den Fisch luftdicht eng verpacken, z. B. in Alufolie einschlagen und in einen Gefrierbeutel einwickeln. Möglichst im Kühlschrank auftauen. Bei einem Fisch von 800 bis 1000 Gramm dauert das etwa zwölf Stunden, bei Zimmertemperatur nur ein bis zwei Stunden. Durch schnelles Auftauen verliert er saftige Flüssigkeit und schmeckt trocken und fad. Ganze Fische sollten vollständig aufgetaut sein, bevor sie gegart werden. Muscheln nur gegart einfrieren. Roh verlieren sie ihr Aroma.

F

WIE FILETIEREN

Vor dem Ausnehmen des Fisches das Filet hinter dem Kopf bis zu den Gräten einschneiden. Dann entlang des Rückgrats vom Kopf zum Schwanz die Haut durchschneiden. Jetzt kann das Filet mit einem scharfen Messer von den Gräten geschabt und abgehoben werden. Den Fisch vorsichtig wenden und auf der Rückseite die Prozedur wiederholen. Bei manchen Fischen, wie bei Forellen, muss man nur die Schwanzflosse anheben, dann fällt das angeritzte Filet von selbst heraus. Wer die Haut anschließend entfernen möchte, legt das Filet mit der Haut nach unten auf eine gerade Unterlage und fährt vom Schwanzende mit einem Messer parallel zur Unterlage der Haut entlang nach vorn.

G

WIE GRÄTEN

Sie sind die Feinde vieler Fischesser und die Ausrede aller Ichthyophobiker, also Menschen mit Fischphobie – kleine stachlige Gräten, die einem im Hals steckenbleiben. Sauberes Filetieren ist eine Methode, sie zu entfernen (siehe oben), Flachzange und Pinzette die andere. In Fachgeschäften werden sogar

STEINBUTT
Seine feinen Filets machen der Seezunge Konkurrenz. Ohne Knochenhöcker an der Augenseite ist er allerdings nur ein Butt.

spezielle Grätenzangen angeboten. Leider Gottes – je frischer der Fisch, umso fester stecken die feinen Knochen im Fleisch. Denn aus biologischer Sicht sind Gräten nichts anderes als Fischknochen. Die Wissenschaft unterscheidet zwischen Knochen- und Knorpelfischen. Vor etwa 400 Millionen Jahren haben sich die Entwicklungslinien beider Fischarten getrennt. Haie und Rochen, Seeteufel und Stör sind Knorpelfische. Also keine Gräten! Aber dummerweise sind Fische mit teilweise oder ganz verknöchertem Skelett weitaus in der Mehrzahl: Sie bilden die artenreichste Gruppe unter allen Wirbeltieren auf der Welt. Fast alle Süßwasserfische haben spitze, harte Gräten. Sind also Knochenfische. So ist die Wahrscheinlichkeit groß, dass ein grätenreicher Knochenfisch auf unserem Teller liegt, wenn wir uns auf ein Fischgericht freuen. Es sei denn, wir sitzen im Fischereihafen Restaurant, wo uns der Service freundlich lächelnd die Grätenpulerei abnimmt. Warum Gräten den Koch erfreuen, siehe K – wie Karkasse.

H

WIE HERING

Nach dem Alaska-Seelachs (Pollack) ist der Hering die am meisten verzehrte Fischart in Deutschland. Der Hering hat eine weitgefächerte Familie. Die Sardine gehört dazu und der Maifisch und noch 55 andere Verwandte. Wenn wir Hering sagen, meinen wir den Atlantischen Hering (Clupea harengus), etwa 20 Zentimeter lang, 250 Gramm schwer. Ein geselliger Vertreter wie der ganze Clan. Ohne seinen Schwarm gerät der Planktonfresser in Panik, irrt orientierungslos in Nord- und Ostsee herum. Wir haben ihn lange als Arme-Leute-Gericht verachtet. Das hat sich geändert, seit er durch starke Überfischung nicht mehr so schwarmstark zwischen dem Golf von Biskaya und Spitzbergen herumschwimmt – oft in einer Tiefe von 350 Metern. Im Frühjahr als Matjes ist er uns am liebsten. Rogen und Milch sind dann noch nicht entwickelt, und das Salzlakenfilet des Jungfischs hat einen Fettgehalt um 15 Prozent erreicht. Eine Delikatesse, der das Fischereihafen Restaurant mit einem jährlichen Matjesfestival in der Altonaer Fischhalle Rechnung trägt. Hat das Schuppentier abgelaicht, reicht es nur noch zu Bismarckhering und Rollmops.

I

WIE ICHTHYOLOGIE

Das komplizierte Wort stammt aus dem Griechischen von ichthys „Fisch“ und logos „Lehre“. Es gibt eine deutsche Gesellschaft für Ichthyologie, die bei ihrer letzten Tagung in Bonn ökologische Kriterien bei der Nutzung von Fischbeständen forderte. Ansonsten empfindet der gemeine Fischesser die Beschäftigung der Ichthyologen mit den flossentragenden Wasserbewohnern als reichlich abgehoben. Den Franzosen Jacques Géry interessierten vorwiegend Zierfische, der Österreicher Franz Steindachner erforschte „Die Süßwasserfische des südöstlichen Brasilien“, sein niederländischer Kollege Pieter Bleeker die Fische Ostasiens. Wirklich bekannt ist uns nur der

RIESENGARNELEN ▶
Kaum ein Seegetier ist so beliebt. Allein chefkoch. de bietet im Internet 448 Zubereitungsarten an. Zucht oder Wildfang – das ist geschmacklich entscheidend.

KOPFFÜSSLER
Der Tintenfisch hat viele Namen, sobald er in der Küche landet. Die kleinen Vertreter werden gern gefüllt und in Wein gekocht.

kürzlich verstorbene Hans Hass, weltberühmt wegen seiner abenteuerlichen Unterwasserfilme, weniger wegen seiner Forschungsarbeiten. Die Kollegen aus der Ichthyologie haben ihn sowieso immer ein wenig scheel angesehen.

J

WIE JAHRESPRODUKTION

Das Gesamtaufkommen an Fisch und Fischereierzeugnissen in Deutschland beträgt rund 2,3 Millionen Tonnen (Fanggewicht). Davon 70 Prozent Seefisch, 20 Prozent Süßwasserfisch, 10 Prozent Krusten- und Weichtiere. Je ein Drittel wird tiefgekühlt oder zu Konserven verarbeitet, 6 Prozent werden geräuchert. Nur 12 Prozent kommen als Frischfisch auf den Markt. 85 Prozent der Speisefische und Fischereierzeugnisse werden importiert. Die wichtigsten Lieferländer: Dänemark, Norwegen, die Niederlande, China und Polen.

K

WIE KARKASSE

Alles, worin der gegarte Fisch schwimmt, sollte aus Gräten, Flossen und kiemenlosen Köpfen stammen. Die Karkasse – aus dem französischen carcasse „Gerippe“ – ist die Grundlage jedes schmackhaften Fonds. Selbermachen lohnt sich: Der Aufwand ist gering, und er ist geschmacklich gekauften Produkten weit überlegen. Am besten eignen sich Reste von Plattfischen: Seezunge und Steinbutt sind ideal, Zander und Seeteufel auch sehr gut. Gräten von Fettfischen dagegen trüben die Flüssigkeit. Der helle Schaum, der beim Kochen entsteht, sollte allerdings stets abgeschöpft werden. Nur so bleibt die Brühe klar. Was an Gemüsen und Gewürzen der Karkasse und dem Wasser zufügt wird, ist dem Geschmack des Kochs überlassen. Fenchel, Lauch, Lorbeerblätter, Estragonstiele und ein Schuss Noilly Prat (Wermut) sind eine gute Lösung. Wer es raffinierter haben möchte, dünstet Möhren, Lauch und Zwiebeln in geklärter Butter an, fügt Karkasse und Wasser hinzu und verfeinert die passierte Brühe mit Safran. Der Sud sollte in allen Fällen nur kurz aufkochen, dann 30 Minuten ziehen lassen. Und gleich auf Vorrat produzieren. Den Rest portionsweise einfrieren.

L

WIE LEBENDFISCH

In Deutschland dürfen Speisefische in lebendigem Zustand seit 1993 nur noch an Gaststätten und Wiederverkäufer abgegeben werden. Vorwiegend Süßwasserfische wie Karpfen, Forelle und Saibling, Zander und Barsch werden von Teichwirten oder Zuchtanstalten versandt. Eine umfangreiche Verordnung Nr. 1/2005 (EG) regelt den Transport der Tiere.

M

WIE MOGELPACKUNG

Mogelei mit Edelfisch ist kaum beizukommen. Schon im rohen

Zustand sind die meisten Fischarten schwer zu unterscheiden. Sind sie filetiert, paniert, gebraten, mit Sauce bedeckt, ist selbst der Fachmann überfordert. Dann lässt sich nur durch eine Analyse des Muskel-Eiweißes feststellen, was da auf dem Teller liegt. Beim letzten bundesweiten Test des Hamburger Instituts für Hygiene und Umwelt fanden die Wissenschaftler in jeder zweiten Seezungen-Probe eine völlig andere Fischart. Ein beliebter Trick: In der Mitte liegt die teure Seezunge, rechts und links davon Rotzunge oder – besonders dreist – Pangasius. Der Süßwasser-Wels kostet nur ein Fünftel und ähnelt in keinster Weise der delikaten Seezunge – weder äußerlich noch geschmacklich. „Bei Seezungen wird im Schnitt jede dritte Probe von der Lebensmittelüberwachung beanstandet", heißt es in der Hamburger Verbraucherzentrale. Das ZDF-Magazin „Wiso" fand bei einem Restauranttest in Sachsen-Anhalt nur vier tatsächliche Seezungen bei 19 deklarierten Seezungengerichten. Auch bei Meeresfrüchten wird auf Deubel komm raus getrickst. Jede dritte Jakobsmuschel wird durch eine Kammmuschel ersetzt. Das gelingt besonders leicht bei schalenloser Ware. Wer Scampi bestellt, hat nicht selten wesentlich billigere Garnelen auf dem Teller. Selbst an der Fischtheke oder beim Händler ist der Verbraucher nicht sicher, was er kauft. Die Beschriftung „Heilbutt" ist für den Weißen Heilbutt vorgeschrieben. Nicht selten wird aber unter dieser Bezeichnung der Schwarze Heilbutt angeboten, ein entfernter Verwandter. Der ist billiger und geschmacklich ein Langweiler. Auch mit Phantasienamen wird gern getäuscht. „Alaska-Heilbutt" ist eine Handelsbezeichnung für die Schollenart Atheresthes stomias. Schlimmer noch: Da liegt „pazifische Scholle" neben „tropischem Steinbutt" dekorativ auf dem Eis. Mit den hiesigen Namensvettern haben die rein gar nichts zu tun – weder preislich noch geschmacklich.

N

WIE NÄHRWERT

Fische haben den höchsten Nährwert nach der Muttermilch. Höher als Fleisch oder Milch. Aus 100 g Fischeiweiß kann der Mensch 94 g körpereigenes Eiweiß aufbauen. Fischeiweiß gilt zudem als leichtverdaulich. Fische, Krusten- und Schalentiere weisen zum Teil hohe Gehalte an den fettlöslichen Vitaminen A und D und reichlich B-Vitamine auf. 100 Gramm Hering zum Beispiel enthalten rund 25 Mikrogramm Vitamin D. Das entspricht dem fünffachen Tagesbedarf. Fettfische liefern grundsätzlich mehr Vitamin A und D als Magerfische.

O

WIE OMEGA-3-FETTSÄURE

Fischfleisch enthält lebenswichtige Omega-3-Fettsäuren, die der menschliche Körper nicht selbst herstellen kann. Fettfische mehr als Magerfische. Der Fettanteil in ihrem Muskelgewebe übersteigt 10 Prozent. Je nach Art, Reifezyklus und Jahreszeit kann der Anteil auf über 30 Prozent steigen. Ernährungsphysiologisch ist das aber nicht beängstigend. Im Gegenteil:

DORADE
Manchmal steht sie auch als Goldbrasse auf der Karte. Auch hier ist Zucht und Wildfang ein großer Unterschied. Am edelsten sind die kleinen, eher graufarbigen Exemplare aus Frankreich.

Diese mehrfach ungesättigte Fettsäure senkt den Blutdruck, hemmt die Blutgerinnung und damit die Thrombosegefahr, verringert die Triglyceride im Blut, beugt Herzrhythmusstörungen vor und schützt Patienten, die bereits einen Herzinfarkt erlitten haben, vor unregelmäßigem Herzschlag und Herzkammerflimmern.

P

WIE PANGASIUS

Diese Schlankwelse (Pangasiidae) aus den Flusssystemen des Mekong und Chao Phraya in Vietnam und Thailand sind ein gutes Beispiel dafür, wie aus einem wildlebenden Tier ein billiger Massenartikel wird mit einer Gesamtproduktion von über einer Million Tonnen pro Jahr. Seit einiger Zeit wird der schuppenlose Flussbewohner in oft versifften Teichanlagen oder in Käfigen gezüchtet – bis zu 150 Tiere pro Kubikmeter. Teilweise wird in den Teichen durch Stickstoffdünger und Fäkalien starker Algenwuchs angeregt. Nach acht Monaten erreicht der Pangasius ein Schlachtgewicht von einem Kilogramm. Damit ist er reif für die weltweite Vermarktung. In Deutschland gehört der Pangasius nach Alaska-Seelachs, Hering, Lachs und Thunfisch zu den meistgekauften Fischen.

Q

WIE QUALITÄT

An Aquakulturen führt kein Weg vorbei. Nur hapert es in vielen Fällen mit der Qualität. Wirtschaft und Wissenschaft fragen sich zunehmend, wie die Produkte verbessert und negative Auswirkungen für die Umwelt verhindert werden können. An der technischen Weiterentwicklung der Kreislaufanlagen wird gebastelt, an innovativen Hälterungstechniken und verbessertem Futtermittel. Mehr als ein Drittel der Gesamtproduktion von Fischereiprodukten in der Europäischen Union wird inzwischen durch Aquakultur gedeckt. Um die steigende Nachfrage nach dem Lebensmittel Fisch und anderen Meeresprodukten bei gleichzeitig sinkenden Beständen auch künftig decken zu können, kommt Aquakulturanlagen wachsende Bedeutung zu, eine Produktionsweise, die neue Arbeitsplätze schafft.

MAGERFISCHE (< 2 % Fett)	MITTELFETTE FISCHE (2–10 % Fett)	FETTFISCHE (> 10 % Fett)
Flunder Flussbarsch Hecht Kabeljau (Dorsch) Leng Schellfisch Scholle Seelachs (Köhler) Steinbutt Wittling (Merlan) Zander	Dorade Forelle Karpfen Catfish Krustentiere Rotbarsch Saibling Sardine Seehecht Weißer Heilbutt	Aal Hering Lachs Makrele Pangasius Sprotte Thunfisch

R

WIE ROTZUNGE

Rotzunge oder Seezunge? Das ist hier die Frage! Die Echte Rotzunge mit dem lateinischen Namen Microstomus kitt ist durchaus ein schmackhafter Speisefisch. Im Restaurant steht sie meistens unter Limandes auf der Karte. Leicht kann

◀ LACHSFORELLE
Eine großgezüchtete Regenbogenforelle, guter Speisefisch, aber auch geschmacklich nicht zu verwechseln mit der Meeresforelle.

SEEZUNGE
Edler geht's nicht. Dieser beliebte Plattfisch schwimmt in der Nordsee und im Atlantik.

sie 50 Zentimeter lang und zwei Kilo schwer werden. Wie gesagt, ein leckerer Plattfisch wie die Seezunge. Und da beginnt das Problem. Sie könnten Geschwister sein. Sie sehen ähnlich aus. Aber die Seezunge, lateinisch schlicht Solea solea genannt, hat festeres Fleisch, schmeckt noch besser und ist vor allem wesentlich teurer. Also wird die Rotzunge gern als Seezunge angeboten. Wie also kann man sie unterscheiden? Wenn das, was auf dem Teller fein in Butter gebraten einen spitzen Kopf hat und ein auffallend kleines Maul, ist es eine Rotzunge. Jetzt der Augencheck: Augenseite rötlich bis gelbbraun gefärbt mit dunkler Marmorierung? Einwandfrei Rotzunge! Bei der – nicht verwandten – Seezunge ist die Oberseite einheitlich graubraun bis rotbraun. Übrigens – das preistreibende Verwechslungsspiel mit der Seezunge erleidet auch die Rotzunge. Ihr wird die Kliesche untergeschoben, die sich schon wegen ihres lateinischen Namens Limanda limanda als Limandes-Ersatz anbietet. Kulinarisch fällt sie allerdings ab, preislich natürlich auch. An einer kleinen Warze an der Oberseite über den Augen lässt sie sich erkennen.

S

WIE SIEGEL

Das blaue MSC-Siegel (Marine Stewardship Council) steht für eine internationale, unabhängige und gemeinnützige Organisation mit Büros rund um den Globus. Gegründet wurde sie 1997 von der Umweltorganisation WWF und dem Lebensmittelkonzern Unilever. 200 Wissenschaftler, Umweltschützer und Fischereiexperten definierten die künftigen Kriterien. Im Prinzip lauten sie: Nur so viel aus den Weltmeeren herausholen wie nachwächst! Ihr Zertifizierungsverfahren soll die internationale Fischerei nachhaltiger gestalten und so erreichen, dass auch für unsere Enkel noch etwas übrigbleibt. Die Organisation fordert keine rigorosen Fangverbote für bestimmte Fischarten – wie zum Beispiel Greenpeace. Sie berät einzelne Fischereibetriebe, umweltverträglich zu arbeiten, Fischbestände verantwortungsvoll zu nutzen oder Fangmethoden zu entwickeln, die nachhaltig sind. Inzwischen werden in 98 Ländern mehr als 20 000 Fischerzeugnisse mit dem blauen Logo vertrieben, davon rund 13 000 Endverbraucherprodukte.

T

WIE TRINKEN

Gut gekühlter Weißwein gilt traditionell als Begleiter zu Fischgerichten. Weißer Burgunder wird gern zu Scholle oder Steinbutt, Muscheln und Krebsen empfohlen, der milde Silvaner zu gedünsteter Seezunge, deftiger, hellroter Trollinger gilt als guter Begleiter für Labskaus oder Pannfisch. Wer sich nicht entscheiden kann: Ein Riesling passt immer. Wobei der beste Ratgeber die eigene Kostprobe ist. Die starre Weißwein-Regel ist längst nicht mehr zeitgemäß. Moderne Sommeliers empfehlen inzwischen durchaus auch gekühlten Rosé und bei kräftig gewürzten Fischgerichten junge Rotweine.

U

WIE UNTERSCHIED

Es gibt alle moglichen Kriterien, um die unglaubliche Zahl der Fischarten zu unterscheiden. Süß- und Salzwasserfische sind unter „Durchblick" abgehandelt. Kommen wir also zu der Unterscheidung „Friedfisch – Raubfisch". Der Erste ist, wie der Name sagt, ein versöhnlicher Geselle. Er jagt keine Artgenossen, begnügt sich mit Plankton, Pflanzen, Insektenlarven, Schnecken und Würmern. Stör, Karpfen, Renken, Maränen, Barben gehören zu ihnen und die Meeresbewohner Hering, Dorsch, Heilbutt und Scholle.
Die Prädatoren, die Raubfische, dagegen jagen oder lauern Artgenossen auf, delektieren sich gern an Tintenfisch, Languste und Hummer. Haie passen natürlich in diese Kategorie und der gefräßige Barrakuda, aber auch Makrele und Thunfisch. Im Süßwasser sind es Hecht, Wels, Barsch und Forelle, die ihre Artgenossen verspeisen. Anders als bei Landtieren, wo Fleisch von Raubtieren verpönt ist – es sei denn, man kommt aus China –, gibt es beim Fisch geschmacklich kaum Unterschiede. Im großen Ganzen ist das Fleisch der Prädatoren etwas fester und kräftiger.

V

WIE VERBRAUCH

Jeder Bundesbürger verspeist laut Fischinformationszentrum (FIZ) im Durchschnitt jährlich 16 kg. Tendenz steigend. Klingt viel, ist aber im Vergleich zu anderen Ländern eher wenig. Isländer, Portugiesen und vor allem Japaner erreichen einen Pro-Kopf-Verzehr von bis zu 70 Kilogramm pro Jahr. In Deutschland zeichnet sich wie stets ein Nord-Süd-Gefälle ab. Die Hamburger, im Süden gern Fischköppe genannt, stehen eindeutig an der Spitze, gefolgt von den Schleswig-Holsteinern. Schlusslichter sind die Hessen (4,0 Kilo) und die Baden-Württemberger, die nur 3,8 Kilo Fisch im Jahr in ihre Einkaufswagen legen. Das Gesamtaufkommen an Fisch und Fischereierzeugnissen in Deutschland betrug im Jahr 2011 2,24 Millionen Tonnen (Fanggewicht). Davon wurden 88 Prozent importiert.

W

WIE WIRBELTIERE

Über die Hälfte aller lebenden Wirbeltiere auf Erden sind Fische. Nach neuesten Erhebungen sind das 32 500 Arten. Die Hälfte davon schwimmt im Meer, die andere in Flüssen und Seen. Einige Arten vertragen sowohl Salz- als auch Süßwasser. Vorwiegend Meeresfische besuchen den Unterlauf von Flüssen oder deren Mündungsgebiete, zumindest für kurze Zeit. Nur etwa 3000 Fischarten wie Lachse, Störe, Aale oder Stichlinge können langfristig sowohl im Süßwasser als auch im Meerwasser überleben.

ROTBARSCH
Ein hartschuppiger, stacheliger Nordmeerschwimmer. Wir kennen ihn deshalb vorwiegend filetiert.

LIMANDES
Sie ist die Echte Rotzunge (Microstomus kitt). Siehe auch „Fisch-Abc, M – wie Mogelpackung“.

X

WIE XXL

Es gibt Wasserbewohner, die so riesig sind, dass eine Kleinstadt von ihnen satt werden könnte. Der Walhai hat das absolute XXL- Format unter allen Lebewesen. Bis zu 34 Tonnen bringt er auf die Waage, 20 Meter kann er lang werden. Ein Hai zwar, aber ein sanftmütiger, ein Planktonfresser mit 3600 kleinen Zähnen. Knorpelfisch übrigens, also keine Gräten. Wir werden ihn allerdings nie essen dürfen. Er ist streng geschützt. Der schwerste Knochenfisch ist der gut drei Meter lange Mondfisch. Mit 2,3 Tonnen ein Leichtgewicht gegen den Walhai. Er schätzt das warme Wasser des Pazifiks, schwimmt aber auch mal in den Skagerrak und den Kattegat. Der größte gefangene Stör wog 1,4 Tonnen, und der größte Fisch, der je in Deutschland an Land gezogen wurde, war ein Wels aus der Oder. 375 kg ohne Eingeweide wog er. Aber das war 1791. Da wir bei Gewicht und Größe sind: Der kleinste Fisch misst ausgewachsen 6,2 mm. Anglerfisch heißt er, Photocorynus spiniceps. Und dann gibt es noch eine Karpfenart, die nur zwei Milligramm wiegt – also nichts für die Küche.

Y

WIE YELLOWFIN TUNA

Thun ist beliebt. Ein Fisch, der kaum nach Fisch schmeckt, obgleich er zur Familie der Makrelen gehört. Allein im Internet bei chefkoch. de werden 474 verschiedene Thunfisch-Rezepte angeboten.

Den Gelbflossen-Thun kennen wir leider vor allem, wenn er in einer Dose steckt. Ein wunderschönes Tier mit einer strahlend gelben Flosse und metallisch blauem Rücken. Er kann zwei Meter lang werden und ein Gewicht von 200 kg erreichen. Anders als der Blauflossen-Thun, dem die asiatische Küche mit Sushi und Sashimi zum Verhängnis wurde, ist er nicht vom Aussterben bedroht. Sein Fleisch ist reich an Vitaminen und zeichnet sich durch einen hohen Gehalt an Jod und Omega-3-Fettsäuren aus.

Z

WIE ZISELIEREN

Mit einem kleinen scharfen Messer wird der Fisch durch parallele oder sich kreuzende Schnitte auf beiden Seiten quer zur Mittelgräte eingekerbt. So kann die Hitze besser in die vergrößerte Oberfläche eindringen. Der Fisch gart schneller und gleichmäßiger. Durch Ziselierschnitte dringen zudem Marinade und Gewürze besser ins Fleisch ein. Beim Grillen und Braten bildet sich so eine krossere Kruste. Eine Methode, die besonders bei großen Fischen sinnvoll ist.

FISCH-ABC: JÖRN VOSS

„KEIN FISCH
OHNE GRÄTEN,
KEIN MENSCH
OHNE FEHLER.“

SPRICHWORT

FEIER ZUM 50. GEBURTSTAG mit meinen Freunden Dieter Kürten und Roman Köster, der beim Matjesfest 2011 die Idee für dieses Buch hatte.

ENTSPANNUNG MIT DEN „HEIDERÄUBERN"
Mein Wundermittel gegen beruflichen Stress: 18-Löcher-Golf, danach frisches Bier vom Fass, Hausmannskost, Klönschnack und eine Runde Skat. Seit 25 Jahren treffen wir uns unter dem Namen „Heideräuber" – der Gastronom Jochen Dölger, der Juwelier Gregor Wintersteller und der Hotelier Guido Schnieder (von links nach rechts).

IMPRESSUM

HERAUSGEBER Rüdiger Kowalke

KONZEPT UND REDAKTION
BEHNKEN & PRINZ GmbH & Co. KG
www.behnkenprinz.com

GESTALTUNG Claudia Haas, Anna Moritzen

FOTOS Michael Holz

TEXTE Jörn Voss

REZEPTE Michael Scherer

BILDREDAKTION Gwendolyn Heinzmann

LEKTORAT Andreas Feßer

LITHO
Edelweiß-Publish
www.edelweiss-publish.de

DRUCK UND BINDUNG
optimal media GmbH
Glienholzweg 7, 17207 Röbel / Müritz

VERLAG
Edel Books
Ein Verlag der Edel Germany GmbH

1. Auflage 2013

Printed in Germany

ISBN 978-3-8419-0267-2

BILDNACHWEIS

Rüdiger Kowalke privat – Seiten: 9, 14–17, 20–21, 26–27, 35–38, 44–47, 56–57, 59, 61–66, 71–77, 90, 103, 136, 139, 140, 146, 148, 151, 238

Seite 2–3 Heiner Müller-Elsner

Seiten 24, 173, 199, 200, 203 Michael Holz / JAHRESZEITEN VERLAG

Seite 35, 43, 48 Vintage Germany

Seite 39 Getty Images

Seite 40 bab.ch

Seite 41 ullstein bild

Seite 43 Archiv Flughafen Hamburg

Seite 49–53, 86 Günter Zint

Seite 97 Michael Zapf

Seite 97–99 Jörg Modrow

IN KOOPERATION MIT:

BEHNKEN & PRINZ
Corporate Books • Magazine • Communication